FÜR:

VON:

DATUM:

Über die Autoren

Max Lucado war langjähriger Pastor der Oak Hills Church in San Antonio, Texas. Er ist verheiratet, Vater von drei Töchtern und Verfasser vieler Bücher. Fast 100 Millionen Exemplare seiner Werke wurden inzwischen weltweit verkauft und in über 50 Sprachen übersetzt. Die Zeitschrift *Christianity Today* zählt ihn zu den bekanntesten christlichen Autoren Amerikas.

Allen Arnold arbeitet bei der Organisation *Ransomed Heart Ministries* (geleitet von John Eldredge). Davor war er über zwanzig Jahre lang Programmleiter bei einem großen christlichen Verlag in den USA.

MAX LUCADO

Was Gott dir verspricht

30 starke Zusagen für dein Leben

Aus dem Englischen übersetzt von
Maria Leicht und für die deutschen
Leser adaptiert von Verena Keil

Gerth Medien

MIX
Papier | Fördert gute Waldnutzung
FSC® C018236

4. Auflage 2025
Bestell-Nr. 817635
ISBN 978-3-95734-635-3

Umschlaggestaltung: Katrin Steigerwald – Büro für Gestaltung unter Verwendung von Adobe Stock
Lektorat: Verena Keil
Satz: Uhl + Massopust, Aalen
Druck und Verarbeitung: Dimograf
Printed in Polen

www.gerth.de

INHALT

VORWORT

Was rüttelt momentan an deiner Welt? An deiner Zukunft? An deinem Glauben? Vielleicht ist es deine Familie oder es sind deine Freundschaften. Fühlt es sich manchmal so an, als würde alles gleichzeitig über dich hereinbrechen?

Wenn du gerade eine Portion unerschütterliche Hoffnung gebrauchen kannst, habe ich gute Nachrichten für dich: Gottes Versprechen sind größer als alle Probleme deines Lebens.

Nachdem ich nun schon ein paar Jahrzehnte mit Jesus gelebt habe, merke ich, dass ich von nirgendwoher größere Hoffnung bekomme als aus Gottes Versprechen. Manche sagen dazu auch *Verheißungen*. Unser mächtiger, liebender Gott regiert die Welt durch seine Verheißungen.

In diesem Buch habe ich meine 30 Lieblingsverheißungen in Kurzfassung gesammelt. Im Laufe der Jahre habe ich diese Verheißungen genutzt, um anderen Mut zu machen – und auch mir selbst. Du und ich brauchen sie ganz bestimmt.

So, wie der Arzt Medikamente für deinen Körper verschreibt, so gibt Gott dir seine Versprechen, um dein Herz und deine Seele gesund zu erhalten. Diese Versprechen sollen dir helfen, mit deinen Problemen, Ängsten und Fragen klarzukommen. Sie helfen dir, ruhig zu werden, und sie erinnern dich daran, dass Gott alles im Griff hat.

Gottes Verheißungen erinnern dich auch daran, dass du nicht allein bist. Ich weiß, dass es sich manchmal so anfühlt. Aber Gott ist bei dir, und er liebt dich mehr, als du dir vorstellen kannst. In einer erschütterten Welt ist *das* das allerbeste Versprechen: Es gibt unerschütterliche Hoffnung bei dem Gott, der verspricht, dich immer zu lieben und dich nie zu verlassen!

Max Lucado

Gott HÄLT sein VERSPRECHEN

SO HAT ER UNS DAS GRÖSSTE UND WERTVOLLSTE ÜBERHAUPT GESCHENKT: ER HAT VERSPROCHEN, DASS IHR ANTEIL AN SEINER GÖTTLICHEN NATUR BEKOMMT.

2. Petrus 1,4; NeÜ

Wenn du an Gottes Versprechen an dich wirklich festhältst, bist du in guter Gesellschaft. Viele Menschen aus der Bibel haben das getan, egal, ob sie reich oder arm, jung oder alt waren. Gottes Verheißungen waren ihre Lebensgrundlage.

Weil Gott es so versprochen hatte, glaubte Noah an Regen, noch bevor ein einziger Regentropfen auf die Erde gefallen war. Weil Gott es verheißen hatte, verließ Abraham seine Heimat, um in ein Land zu ziehen, das er noch nie zuvor gesehen hatte. Weil Gott es gesagt hatte, führte Josua zwei Millionen Leute in das Gelobte Land Israel. Und weil er es verheißen hatte, machte David einen bösen Riesen platt – und fand Paulus ein Lebensziel, für das es sich zu sterben lohnte.

Gottes Verheißungen waren für all diese und zahllose weitere Leute auf ihrer Glaubensreise wie Wegweiser. Aber die Versprechen Gottes gelten nicht nur einigen wenigen „Superhelden" aus der Bibel. Wir Menschen haben eine große Menge an Verheißungen von Gott geschenkt bekommen! Ein Bibelschüler hat mal anderthalb Jahre lang versucht, die Verheißungen in der Bibel zu zählen, die Gott der Menschheit gegeben hat. Er kam sage und schreibe auf 7.487 Verheißungen![1]

Gott ist nicht nur ein Versprechen-Geber, sondern auch ein Versprechen-Halter. Von Anfang an – schon auf den ersten Seiten der Bibel – lesen wir, dass wir uns auf Gott verlassen können. Neunmal steht in 1. Mose der Satz: „Gott sprach". Und jedes Mal, wenn Gott sprach, passierte etwas Wunderbares – ohne Ausnahme. Durch seine göttliche Anweisung schuf er das Licht, das Land, das Wasser, die Pflanzen und Tiere. Gott besprach sich nicht mit seinen Beratern. Er brauchte keine Hilfe. Er sprach – und dann geschah es genau so. Uns bleibt nur eine Schlussfolgerung: Gottes Wort ist bombensicher. Was er sagt, geschieht.

Glauben ist die tiefe Überzeugung, dass Gott seine Versprechen hält.

Glauben ist die tiefe Überzeugung, dass Gott seine Versprechen hält. Gott wird – und kann – seine Versprechen niemals brechen. Was er sagt, wird geschehen.

Es muss geschehen! Gottes Versprechen sind unumstößlich. Denn so ist er:

- **Gott ist unveränderlich.** Er sieht das Ende vom Anfang her. Er ist nie schockiert oder überrascht. Er macht keine Kurskorrekturen, weil er es sich plötzlich anders überlegt hat. Er wird nicht von Launen und Stimmungen beeinflusst. „Er ändert sich nicht" (Jakobus 1,17).
- **Gott ist treu und zuverlässig**. „Denn auf Gott ist Verlass; er hält, was er zugesagt hat" (Hebräer 10,23; NeÜ).
- **Gott ist stark.** Er macht keine falschen Versprechungen, er enttäuscht uns nicht. „Was Gott verheißt, das kann er auch tun" (Römer 4,21; LU).
- **Gott kann nicht lügen.** „Es ist sowieso unmöglich, dass Gott lügen kann" (Hebräer 6,18; NeÜ). Ein Felsblock kann nicht schwimmen. Ein Elefant kann nicht fliegen. Ein Schmetterling kann keinen Teller voll Spagetti essen. Du kannst nicht auf einer Wolke schlafen – und Gott kann nicht lügen. Niemals würde er übertreiben, manipulieren, schwindeln oder sich einschleimen. „Das hat Gott, der nicht lügt, schon vor unendlich langer Zeit versprochen" (Titus 1,2; GN).

Die Frage ist nicht, ob Gott seine Versprechen halten wird. Die Frage ist: Willst du dein Leben darauf aufbauen?

GOTTES VERSPRECHEN FÜR DICH

Jesus selbst ist in seiner Person das Ja Gottes zu uns, denn **alle Zusagen Gottes erfüllen sich** in ihm.
2. Korinther 1,20

Haltet an dieser Hoffnung fest, zu der wir uns bekennen, und lasst euch durch nichts davon abbringen. Ihr könnt euch **felsenfest auf sie verlassen**, weil Gott sein Wort hält.
Hebräer 10,23

Wenn Gott etwas verspricht, dann tut er das auch, da könnt ihr euch drauf verlassen. Auch wenn es manchmal so aussieht, als würde er alles hinauszögern. Gott hat Geduld mit euch, und er will auf jeden Fall verhindern, dass irgendeiner es nicht packt und verloren geht.
2. Petrus 3,9; Volxbibel

DENK MAL

Fällt es dir in deinem Leben gerade leicht zu glauben, dass Gott seine Versprechen halten wird – oder eher schwer? Warum?

Erinnerst du dich an eine Zeit in deinem Leben, in der scheinbar alles falschlief, aber Gott dir dennoch Hoffnung geschenkt hat?

Dieser Bibelvers erinnert mich besonders daran, dass Gott ein Versprechen-Geber und auch ein Versprechen-Halter ist:

DAS VERSPRECHE ICH GOTT

ICH MÖCHTE MEIN LEBEN AUF GOTTES VERSPRECHEN AUFBAUEN.
IN DIESER ZERRÜTTETEN WELT MÖCHTE ICH MICH AUF GOTTES UNERSCHÜTTERLICHES WORT VERLASSEN.
ANSTATT MICH AUF MEINE PROBLEME UND SORGEN ZU KONZENTRIEREN, GRÜNDE ICH MEINE HOFFNUNG AUF GOTT UND SEINE VERSPRECHEN.

Du KANNST Gott KENNENLERNEN

GOTT SPRICHT:
„DENN ALLE WERDEN ERKENNEN, WER ICH BIN."

Hebräer 8,11

Gott versichert uns, dass alle Menschen, die es möchten, ihn eines Tages kennenlernen werden. Auch jetzt schon lässt Gott etwas von sich und seinem Wesen durchblitzen – und er lädt uns ein, einen Blick auf ihn zu werfen. Wir können nämlich mehr über ihn erfahren als nur trockene Fakten! Wir können sein Herz, seine Freude, seine Leidenschaft, seine Pläne und auch seine Traurigkeit erkennen. Gott möchte, dass wir *ihn selbst* kennenlernen.

Vor ein paar Jahren waren meine Frau und ich auf einem Wildnisabenteuer in den Rocky Mountains. Aber ehrlich gesagt war es in Wirklichkeit ein 8-Kilometer-Marsch auf einem asphaltierten Wanderweg. Mit einem Rucksack voller Erdnussbutter-Brote und zwei Wasserflaschen wanderten wir an Pinienbäumen und Bergfelsen vorbei. Als wir schließlich an den atemberaubenden Wasserfällen ankamen, waren wir außer Atem. Ein Hinweisschild für Wanderer zeigte an, dass der Wanderweg noch weiterging. Aber wir konnten nicht mehr. Keinen Meter!

Wir zelteten nicht draußen. Wir sahen keine wilden Tiere. Wir machten noch nicht mal ein Lagerfeuer. Stattdessen liefen wir zurück in die Zivilisation und kauften dort am Kiosk belegte Brote. So aufregend waren meine Erfahrungen mit dem Bergsteigen!

Als ich wieder zu Hause war, tat ich etwas – du kommst vielleicht nicht drauf: Nun, ich bestellte mir Visitenkarten mit meiner neuen Bezeichnung „Max Lucado, Bergexperte". Ich mietete mir ein Büro, hängte ein Schild mit der Aufschrift „Wildnisexperte" an die Tür und bot meine Weisheit auf Outdoorseiten im Internet an.

Würdest du mich als Führer für eine Abenteuertour buchen? Natürlich nicht! Du würdest mich auslachen, mich verklagen oder vielleicht – wenn ich Glück habe – versuchen, mir ein paar gute Tipps zu geben. Um Rat würdest du mich sicher nicht fragen. Denn ich habe es ja noch nicht ein einziges Mal bis zum Berggipfel geschafft!

Mit unserem Wissen über Gott ist es genauso. Wir können nicht behaupten, Experten zu sein. Unsere krassesten Erkenntnisse über ihn sind für Gott wie die Rechenfähigkeiten eines Erstklässlers, der nicht weiß, dass es in der Mathematik noch viel kompliziertere Dinge wie Algebra und Integralrechnung gibt. Und so, wie die Zahl Pi unendlich lang ist, werden auch wir niemals alle Dinge über Gott herausfinden. Er ist größer als unsere größten Gedanken. Aber das braucht uns nicht zu deprimieren. Wenn wir erst mal im Himmel sind, gibt es dort ein ewig dauerndes Entdecker-Abenteuer. Wir werden dort mehr und noch mehr über Gott erfahren und aus dem Staunen nicht mehr herauskommen.

Allerdings brauchen wir nicht zu warten, bis wir irgendwann mal im Himmel sind: Wir können nämlich schon hier und jetzt anfangen. Ein Kennzeichen der Menschen, die Gott lieben, ist nämlich, dass ihr Wissen über Gott ständig wächst. „Der Reiche gebe nicht an mit seinem Geld. Grund zum Rühmen hat nur, wer mich erkennt und begreift, was ich will", sagt Gott in Jeremia 9,23–24; NeÜ.

Wir können Gott kennenlernen.
Er versteckt sich nicht vor uns.

Diese Tatsache bringt uns zu einem wunderbaren Ergebnis: Wir können Gott kennenlernen! Er versteckt sich nicht vor uns. Er schlägt seinen Kindern nicht die Tür vor der Nase zu. Er weist unsere Fragen nicht zurück. Er verspricht, sich allen zu offenbaren, die ihn suchen.

GOTTES VERSPRECHEN FÜR DICH

Werde still vor mir. Dann kannst du erkennen, dass ich es bin – dein Gott.
nach Psalm 46,11

Es gibt so vieles, was wir von Gott erkennen können, er selbst hat es uns ja vor Augen geführt. Gott ist zwar unsichtbar, doch an seinen Werken, der **Schöpfung**, können wir seine ewige Macht und göttliche Majestät sehen und erfahren.
nach Römer 1,19–20

Wenn du andere liebst, dann fängst du an, Gott mehr kennenzulernen; denn Gott ist Liebe.
nach 1. Johannes 4,8; LU

Wenn ihr von ganzem Herzen nach mir fragt, will ich mich von euch finden lassen. Das verspreche ich, der Herr.
Jeremia 29,13–14

DENK MAL

Ich habe das Gefühl...

- hauptsächlich Fakten über Gott zu wissen
- ihn persönlich zu kennen

Auf diese Art und Weise will ich versuchen, Gott in dieser Woche besser kennenzulernen:

- mit ihm reden/Zeit mit ihm verbringen
- in der Bibel lesen
- ihm im Alltag vertrauen, dass er mir hilft
- gucken, wo Gott mich brauchen könnte
- in den Gottesdienst/Jugendgottesdient gehen
- einen Spaziergang durch die Natur machen
- einen anderen Christen nach seinen Erfahrungen mit Gott befragen
- ...

Welche Frage möchtest du Gott eines Tages stellen?

- ...

DAS VERSPRECHE ICH GOTT

ICH MÖCHTE GOTT BESSER KENNENLERNEN.
ANSTATT NUR FAKTEN ÜBER GOTT ZU ERFORSCHEN,
MÖCHTE ICH ZEIT MIT IHM SELBST VERBRINGEN,
ZUM BEISPIEL DURCH BIBELLESEN UND IM GEBET.
SO MÖCHTE ICH IN DAS ABENTEUER STARTEN
UND GOTT PERSÖNLICH KENNENLERNEN.

Du BIST GOTTES geniale IDEE

GOTT SAGT:
„JETZT WOLLEN WIR DEN MENSCHEN MACHEN,
UNSER EBENBILD, DAS UNS ÄHNLICH IST."

1. Mose 1,26

Jeder hat sich schon diese Frage gestellt: *Bin ich überhaupt wichtig?*

Wie leicht kann es passieren, dass du dich unwichtig fühlst, wenn du in der Schule nur als Nummer betrachtet wirst, dein Freund eine blöde Bemerkung macht und deine Eltern dich nicht verstehen. Doch wenn du dir diese Frage stellst, denk an folgendes Versprechen Gottes an dich: Du bist von Gott geschaffen, als sein Ebenbild, zu seiner Ehre! Für ihn bist du wichtig.

Dann sagte Gott: „Jetzt wollen wir den Menschen machen, unser Ebenbild, das uns ähnlich ist. Er soll über die ganze Erde verfügen: über die Tiere im Meer, am Himmel und auf der Erde" (1. Mose 1,26).

In diesen Worten liegt das wunderbarste aller Versprechen: Gott hat uns so geschaffen, als ob wir ein Spiegelbild von ihm wären.

Eins ist klar: Kein Mensch ist Gott. Nur Gott ist Gott. Aber in jedem Menschen stecken bestimmte Wesenszüge Gottes. Weisheit. Liebe. Mitgefühl. Freundlichkeit. Die Sehnsucht nach der Ewigkeit. Das sind bloß ein paar dieser wichtigen Eigenschaften, die uns von allen anderen Lebewesen unterscheiden und zeigen, dass wir unserem Schöpfer ähneln. Wir sind *als sein Ebenbild* geschaffen; wir sind *ihm ähnlich*.

Du bist von Gott geschaffen, als sein Ebenbild, zu seiner Ehre.

Keiner ist von diesem Versprechen ausgeschlossen. Jeder Mensch ist ein Ebenbild Gottes.

Vielleicht hat mal jemand „Loser" zu dir gesagt. Gesagt, dass es auf dich nicht ankommt, dass du überflüssig bist. Hör nicht auf diese Leute! Sie haben keine Ahnung, was sie da sagen! In dir leuchtet ein göttlicher Funke. Wenn du zu Gott Ja sagst, wirst du ihm noch ähnlicher. Bist du fehlerfrei? Nein. Aber du wirst fehlerfrei gemacht. Gott hat eine unendliche Liebe für dich, und seine Liebe ist bedingungslos.

Du bist Gottes geniale Idee. Gottes Kind. Und als Spiegelbild Gottes geschaffen. Möchtest du diese Tatsache tief in dein Herz eindringen lassen?

Gott kannte dich, bevor deine Eltern dir einen Namen gaben. Im Himmel wurdest du schon geliebt, bevor du auf der Erde geboren wurdest. Du bist kein Unfall, kein Zufall. Du wirst nicht über die Kilos auf der Waage definiert, nicht über die Anzahl deiner Follower in den sozialen Medien, nicht über den Preis der Schuhe an deinen Füßen.

Als Kleinkinder sagten wir oft: „Guck mal, was ich kann!" Es ist völlig normal und in Ordnung, wenn kleine Kinder nach Aufmerksamkeit streben. Doch auch wenn wir älter werden, wünschen wir uns, beachtet zu werden. „Guck mal, ich hab eine Eins geschrieben. Schau, meine Klamotten sind mega. Ich kann super argumentieren, ich kann meine tollen Muskeln spielen lassen. Guck mal!"

Ist es nicht höchste Zeit, erwachsen zu werden? Denn eigentlich wurden wir dazu geschaffen, durch unser Leben zu sagen: „Hey, schaut Gott an!" Die Leute sollen nicht *uns* sehen, wenn sie uns anschauen, sondern das Bild Gottes, unseres Schöpfers.

Das ist Gottes Plan. Gottes Versprechen. Auf dich kommt es an. Du bist wichtig, weil Gott dich geschaffen hat und weil er dich immer mehr zu seinem Spiegelbild formt.

GOTTES VERSPRECHEN FÜR DICH

Ich habe dich im Körper deiner Mutter gebildet.
Ich habe dich wunderbar und einzigartig gemacht!
nach Psalm 139,13–14

Wir alle spiegeln seine Herrlichkeit wider. Gott verändert uns durch seinen Geist, damit wir **ihm immer ähnlicher werden** und immer mehr Anteil an seiner Herrlichkeit bekommen.
2. Korinther 3,18

Meine Lieben, wir sind schon jetzt **Kinder Gottes**.
1. Johannes 3,2

Der Herr, dein Gott ist mächtig und hilft dir. Er hat Freude an dir, er droht dir nicht mehr, denn er liebt dich; **er jubelt laut, wenn er dich sieht.**
Zefania 3,17; GN

DENK MAL

Machst du deinen Wert von deinen Klamotten, deinem Aussehen, deinen Noten oder deinem Freundeskreis abhängig? Oder beruht dein Wert auf dem, was Gott über dich sagt?

„Im Himmel wurdest du schon geliebt, bevor du auf der Erde geboren wurdest. Du bist kein Unfall, kein Zufall."

Kannst du dem zustimmen? Warum bzw. warum nicht?

Achtung Baustelle!

Entdeckst du Bereiche in deinem Leben, wo Gott wirkt, damit du ihm noch ähnlicher wirst? Was könnte er sich wünschen?

- ◯ dass du geduldiger wirst (mit anderen oder mit dir selbst)
- ◯ dass du ihm mehr vertraust
- ◯ dass du großzügiger wirst
- ◯ dass du dich um andere kümmerst
- ◯ dass du innerlich heil wirst
- ◯ dass du gelassener wirst
- ◯ dass du jemandem vergibst
- ◯ dass …

DAS VERSPRECHE ICH GOTT

ICH NEHME GERN AN,
DASS ICH GOTTES KIND UND SEIN SPIEGELBILD BIN.
ICH MÖCHTE DIESE IDENTITÄT SELBSTBEWUSST TRAGEN,
DENN ICH BIN SEIN KIND, SEINE GENIALE IDEE
UND VON IHM WUNDERBAR GESCHAFFEN.
ICH MÖCHTE JEDEN TAG SO LEBEN,
DASS ICH IHM ÄHNLICHER WERDE.

Gott KÜMMERT sich UM DICH

GOTT SPRICHT:
„WENN DU DURCH TIEFES WASSER ODER REISSENDE STRÖME GEHEN MUSST – ICH BIN BEI DIR, DU WIRST NICHT ERTRINKEN."

Jesaja 43,2

An der Geschichte von der Arche Noah ist alles gigantisch. Ein Riesenschiff. Eine Riesenaufgabe. Allerdings waren das Schiff und die Aufgabe deshalb so groß, weil die Flut gigantisch werden sollte.

Gott sagte zu Noah: „Bau eine Arche. Hol die Tiere an Bord. Es wird eine Flut kommen." In der Comedy-Version hört sich das Gespräch zwischen Gott und Noah so an:

Gott: „Du sollst eine Arche bauen."
Noah: „Mach ich. Was ist eine Arche?"
Gott: „Es ist ein Schiff. Bau es 300 Ellen lang und 50 Ellen breit und 30 Ellen hoch."
Noah: „Gut. Was ist eine Elle?"
Gott: „Die Elle ist eine Maßeinheit. In ein paar Tausend Jahren wird man sagen: ungefähr 50 Zentimeter."
Noah: „Okay, verstanden. Was soll ich mit dem Schiff machen?"
Gott: „Sammle darin von allen Tieren, die es auf der Welt gibt, je ein Männchen und ein Weibchen ein."
Noah: „Oha, so viele – bist du dir sicher? Warum denn das?"
Gott: „Ich werde eine große Flut über die Erde schicken."
Noah: „Ähm, was ist eine Flut?"

Falls Noah wirklich solche Fragen gestellt hat, dann haben sie es nicht bis in die Bibel geschafft. Die Bibel gibt uns lediglich eine Zusammenfassung in nur einer Zeile: „Noah tat alles genau so, wie Gott es ihm befohlen hatte" (1. Mose 6,22; GN).

Jahrzehntelang baute Noah an dem Schiff, aber eines Tages bekam er es fertig. Kein Mensch in Noahs Gegend hatte je eine Arche gesehen. Trotzdem gehorchte Noah.

Und dann, nach vierzig Tagen Dauerregen und acht Monaten Schifffahrt, durften Noah und seine Familie wieder auf trockenem Boden landen.

Gott hatte Noah einen sicheren Ort versprochen, er hatte ihm Rettung garantiert. In dieser Geschichte mit Riesenschiff, der Riesenaufgabe und der Riesenflut steckt ein noch gigantischeres Versprechen: Gott kümmert sich um seine Leute.

Ich wüsste gern noch mehr, um dir mehr von Noah zu erzählen. War er in der Schule Jahrgangsbester? Wurde er zum Schulsprecher gewählt? Hätte Noah doch bloß ein Abschlusszeugnis hinterlassen, dann wüssten wir besser über seine Leistungen Bescheid. Aber in der Bibel steht nur: „Er ging seinen Weg mit Gott und hörte auf ihn" (1. Mose 6,9).

Aber vielleicht ist das ja das Entscheidende. Noah bekam keine Goldmedaille für seine Arbeit, keine Anerkennung für sein Tun. Doch er fand einen Gott, der sich zu ihm hinunterbeugte, um ihm zu helfen. Das Wort „hinunterbeugen" ist die Übersetzung des hebräischen Wortes für *Gnade*. Gott beugte sich hinunter und kam in Noahs Welt. Gnade ist, wenn Gott sich zu uns beugt und uns seine helfende Hand entgegenstreckt.

Gnade ist, wenn Gott sich zu uns beugt und uns seine helfende Hand entgegenstreckt.

Gott versprach Noah: „Der Herr hat dich gesehen! Er hat dein Herz gesehen und deine Sehnsucht, ihm zu vertrauen."

Du hast genauso wie Noah Gnade in Gottes Augen gefunden. Selbst wenn dein Schwarm oder der beliebteste Mitschüler sich nicht mit dir abgeben – in Gottes Augen hast du trotzdem Gnade gefunden.

Er hat übrigens auch uns ein Rettungsboot geschickt. Es ist allerdings kein Schiff, sondern eine Person: Jesus Christus. Ihm können wir vertrauen. Er – ja, er allein – beschützt uns vor den Fluten um uns herum. Wenn wir Gottes Versprechen vertrauen, werden wir mit dem Rettungsboot Jesus nicht untergehen.

Gottes Versprechen für dich

Gott spricht:
„**Diesen Bund schließe ich mit euch** und allen Bewohnern der Erde, immer und ewig will ich dazu stehen. Der Regenbogen soll ein Zeichen für dieses Versprechen sein."
1. Mose 9,12–13

Jesus sagt:
„Alle Menschen, die mir der Vater gibt, werden zu mir kommen, und **keinen von ihnen werde ich je abweisen**."
Johannes 6,37

Alle eure Sorge werft auf ihn; denn **er sorgt für euch**.
1. Petrus 5,7; LU

Und weil Jesus Christus ewig lebt und für uns bei Gott eintritt, wird er auch alle **endgültig retten**, die durch ihn zu Gott kommen.
Hebräer 7,25

DENK MAL

Gott befahl Noah, etwas zu tun, was noch nie jemand zuvor getan hatte, und bereitete damit ein Ereignis vor, was noch nie zuvor passiert war. Wie würdest du reagieren, wenn Gott dir eine Aufgabe geben würde – und du hättest keine Ahnung, wie du das schaffen sollst?

Sieben Leute aus der Bibel, die in einer scheinbar ausweglosen Lage waren:

- Mose, der als Baby in einem Fluss ausgesetzt wurde
- Jona im Fischbauch
- Sarah, die unfruchtbar war und erst als Seniorin ein Kind bekam
- Hagar, die mit ihrem Sohn Ismael in die Wüste geschickt wurde
- Daniel in der Löwengrube
- Jesus am Kreuz
- Paulus, als er Schiffbruch erlitt

Gibt oder gab es eine Situation in deinem Leben, wo es sich so anfühlte, als ob große Fluten dich mitreißen wollten?

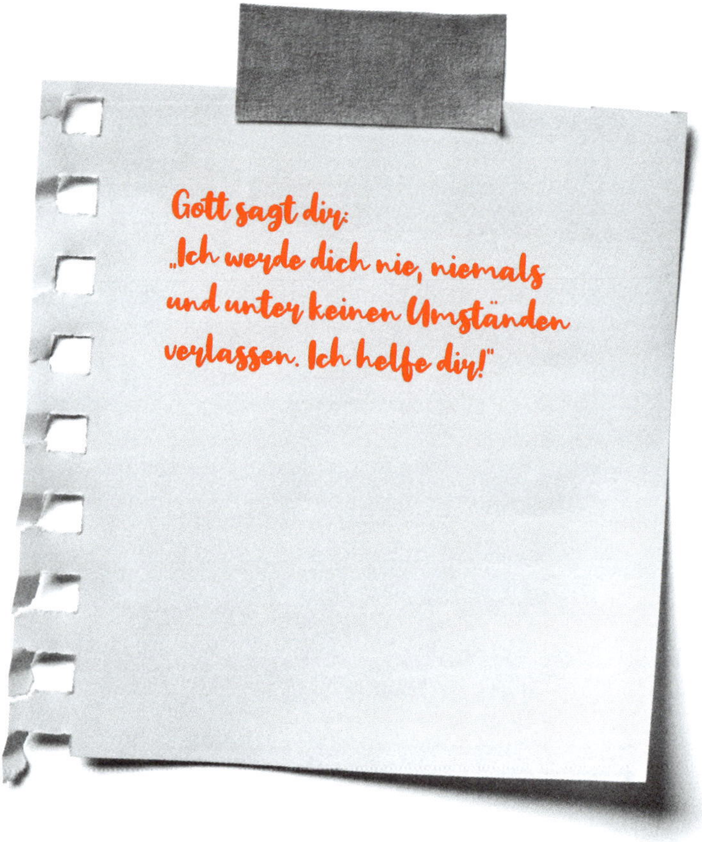

DAS VERSPRECHE ICH GOTT

ICH MÖCHTE GOTT VERTRAUEN,
AUCH, WENN ER MICH VOR HERAUSFORDERUNGEN STELLT.
ICH WILL AUF IHN SCHAUEN,
BESONDERS DANN, WENN ICH NICHT WEITERWEISS.
UND WENN ICH MAL NICHT VERSTEHE,
WAS GOTT IN MEINEM LEBEN TUT,
MÖCHTE ICH IHM UMSO MEHR VERTRAUEN –
DENN BEI IHM GIBT ES KEINE SITUATIONEN,
DIE ER NICHT VERÄNDERN KÖNNTE.

Gott

VERSTEHT DICH

JESUS VERSTEHT UNSERE SCHWÄCHEN, WEIL IHM DIESELBEN VERSUCHUNGEN BEGEGNET SIND WIE UNS, DOCH ER WURDE NICHT SCHULDIG.

siehe Hebräer 4,15; NL

Gott versteht dich. Er versteht deinen Schmerz, deine Fragen, Tränen und Ängste. Aber wie soll ein allmächtiger Gott überhaupt unser chaotisches Leben verstehen? Er kann es, weil er einer von uns wurde, weil er als Mensch in diese Welt hineingeboren wurde.

Wäre Jesus einfach als mächtiges Wesen auf die Erde gekommen, dann hätten wir jetzt zwar viel Respekt vor ihm, würden uns jedoch nicht in seine Nähe wagen. Denn wie soll Gott jemals verstehen, was es bedeutet, Mensch zu sein?

Und wäre Jesus nur das Produkt zweier Menschen, dann würden wir uns bei ihm zwar wohlfühlen – aber würden wir ihn dann auch anbeten wollen? Schließlich wäre er dann ja nicht anders als du und ich.

Wie soll ein allmächtiger Gott überhaupt unser chaotisches Leben verstehen?

Doch wenn Jesus beides ist – Gott und Mensch gleichzeitig – kommt das Beste aus beiden Welten zusammen. Er war komplett Mensch. Er war komplett Gott. Aus dem ersten Grund fühlen wir uns mit ihm verbunden. Aus dem zweiten Grund beten wir ihn an. Die Bibel beschreibt das so:

„Christus ist das Ebenbild des unsichtbaren Gottes. Als sein Sohn steht er über der ganzen Schöpfung und war selbst schon längst vor ihr da. Durch ihn ist alles erschaffen, was im Himmel und auf der Erde ist: Ja, alles ist durch ihn geschaffen und vollendet sich schließlich in ihm" (Kolosser 1,15-16).

Nicht ein Fitzelchen Göttlichkeit ging verloren, als Jesus Mensch wurde. Obwohl er äußerlich ein Mensch war, war er trotzdem auch ganz Gott. Stell dir mal vor: Der Schöpfer des Universums baute eine Zeit lang Schränke! Ja, „Gott hatte beschlossen, in seiner ganzen Fülle in seinem Sohn Jesus

Christus zu wohnen" (siehe Kolosser 1,19). Dennoch war – und ist – seine Macht uneingeschränkt.

Jesus war eine Zeit lang ein Mensch wie du und ich. Er wurde als ein ganz normales Baby geboren. Seine Kindheit war ganz normal. Er wusste, wie sehr Muskelkater wehtut, wie furchtbar es ist, betrogen zu werden und wie schön es ist, gute Freunde zu haben.

Sind solche Kleinigkeiten eigentlich wichtig? Nun, wenn du dich je gefragt hast, ob der Schöpfer, der selbst von niemandem geschaffen wurde, jemals verstehen kann, was du auf der Erde durchmachst, dann ist es wichtig. Jesus versteht unsere Schwächen (siehe Hebräer 4,15). Der eine, der deine Gebete hört, versteht auch deinen Schmerz. Er spielt seelische Verletzungen und körperliche Beschwerden nicht runter. Denn er hatte selbst einen menschlichen Körper.

Bist du traurig und unruhig? Das war er auch (siehe Johannes 12,27). Bist du ängstlich und überfordert? Er war es auch (siehe Matthäus 26,38). Bist du tieftraurig? Er hat das Gleiche erlebt (siehe Johannes 11,35). Hast du schon mal unter Tränen gebetet? Er auch (Hebräer 5,7).

Weil Jesus Mensch ist, fühlt er mit dir. Weil er Gott ist, kann er dir helfen. Er versteht dich!

GOTTES VERSPRECHEN FÜR DICH

Jesus ist in jeder Hinsicht Gott gleich. Doch er wurde wie jeder andere Mensch geboren und war auf dieser Erde ganz Mensch.
nach Philipper 2,6–7

Jesus versteht unsere Schwächen und kann mit uns mitfühlen. Denn er selbst war ein Mensch und musste mit denselben Versuchungen kämpfen wie wir – doch im Gegensatz zu uns hat er nie gesündigt.
nach Hebräer 4,15

Jesus sagt:
Alle, die durchhalten und den Sieg erringen, erhalten von mir das Recht, **mit mir auf meinem Thron zu sitzen, so wie ich selbst den Sieg errungen habe und nun mit meinem Vater auf seinem Thron sitze.**
Offenbarung 3,21; GN

DENK MAL

Siehst du Jesus eher von seiner menschlichen oder von seiner göttlichen Seite? Wie beeinflusst das deine Beziehung zu ihm?

Vielleicht meinst du, Gott kann nicht nachvollziehen, was du erlebst. Aber der Eine, der deine Gebete hört, versteht auch dein Leiden. Gibt es Themen, die du bisher noch nie mit Gott besprochen hast, weil du dachtest, es interessiert ihn nicht oder er versteht es nicht?

Jesus ist …

Kreise ein, was dich am meisten anspricht – und was du grad am meisten brauchst!

Gott Mensch Fels Gefühle-Versteher

Seelsorger #BFF Schuldausradierer

Problemanpacker Lebensspender

Tröster Arzt Zufluchtsort

Versorger Rettungskapsel

Hoffnungslieferant Ratgeber Licht

Mutmacher Ruheoase Friedensstifter

Sieger Wahrheit Wegweiser Liebhaber

Versorger Wundertäter Freudenbringer

Kraftquelle

DAS VERSPRECHE ICH GOTT

ICH GLAUBE AN JESUS, DASS ER GANZ MENSCH WAR.
DARUM WEISS ER, WIE SCHWIERIG DAS LEBEN SEIN KANN.
UND ICH GLAUBE AUCH, DASS ER GANZ GOTT IST.
DARUM KANN ER MIR HELFEN
UND MIR NEUE HOFFNUNG SCHENKEN.
FÜR IMMER WILL ICH NAH BEI GOTT BLEIBEN,
DENN ICH WEISS,
DASS ER MEINE GEFÜHLE VERSTEHT
UND MEINE BEDÜRFNISSE KENNT.

Du GEHÖRST ZU Gottes FAMILIE

ALS GOTTES KINDER ABER SIND WIR –
GEMEINSAM MIT CHRISTUS –
AUCH SEINE ERBEN.

Römer 8,17

Die Leiche eines Mannes namens Timothy Henry Gray wurde zwei Tage nach Weihnachten 2012 unter einer Eisenbahnbrücke gefunden. Nichts wies darauf hin, dass jemand anderes daran beteiligt gewesen war oder ein Verbrechen stattgefunden hatte. Ein obdachloser 60-jähriger Cowboy war einfach in der bitteren Kälte gestorben. Gray war Opfer von Unglück und Pech im Leben gewesen.

Eine tragische Geschichte. Doch noch tragischer wird sie, wenn man weiß: Timothy hätte mehrere Millionen Dollar erben sollen! Sein Urgroßvater hatte eine kleine, mittlerweile superreiche Stadt gegründet: Las Vegas.

Der tot aufgefundene Mann unter der Eisenbahnbrücke war in Wirklichkeit gar nicht arm gewesen. Er war Erbe von vielleicht 19 Millionen Dollar[2]! Das Tragische war nur, dass er selbst nicht gewusst hatte, wie reich er war.

Es gibt eine Geschichte aus der Bibel, die auch von einer großen Erbschaft erzählt:

Gott hatte die Israeliten gerade aus der Gefangenschaft in Ägypten befreit. Dann führte er Mose und das Volk an den Rand des Gelobten Landes. „Der Herr sprach zu Mose: ‚Sende Kundschafter nach Kanaan! Sie sollen sich in dem Land umsehen, das *ich* euch Israeliten *geben will*. Such dazu aus jedem Stamm einen angesehenen Mann aus!'" (4. Mose 13,1–2; Hervorhebung des Autors).

Gott befahl den Israeliten nicht, sich das Land zu erkämpfen. Er sagte einfach, dass er es ihnen geben werde. In ihrem angsterfüllten Hirn rief es: „Niemals! Wir gehen da nicht rein! In dem Land gibt es Riesen!" Gottes Versprechen aber lautete: „Das Land gehört euch! Den Sieg bekommt ihr! Greift zu!" Doch das taten sie nicht. Es war eine schlechte Entscheidung, die eine vierzig Jahre dauernde Wanderung durch die Wildnis nach sich zog.

Nach Moses Tod wurde Josua der Leiter des Volkes Israel. Gott erneuerte sein Angebot, das verheißene Land in Besitz zu nehmen: „Mein Diener Mose ist tot. Nun wirst du Israel führen! Befiehl dem Volk, sich für den Aufbruch fertig zu machen. Ihr alle werdet den Jordan überqueren und in das Land ziehen, das ich euch gebe. Jedes Gebiet, das ihr betretet, gehört euch. Das habe ich schon Mose versprochen" (Josua 1,2-3).

Josua „nahm" sich das Land nicht aus eigener Kraft. Er „nahm Gott beim Wort", und auf dieser Grundlage handelte er. Er nahm natürlich schon das Land – aber nur, weil er auf Gottes Versprechen vertraute.

Trotzdem mussten die Israeliten große Hindernisse überwinden. Der Fluss Jordan war breit. Die Mauern der Stadt Jericho waren hoch. Die Einwohner von Kanaan gaben nicht kampflos auf. Und dennoch überquerten die Israeliten unter Josuas Führung den Jordan, brachten die Mauern von Jericho zum Einsturz und besiegten die 31 feindlichen Könige. Jeder neuen Herausforderung stellte sich Josua voller Glauben, denn er vertraute Gott.

Gott wird dir geben, was du brauchst, um die Herausforderungen des Lebens zu meistern.

Gott hat auch dir ein großes Erbe gegeben: seinen heiligen Geist, ewiges Leben und Anteil an seinem Reich – und sein Versprechen, dass du als seine Tochter beziehungsweise sein Sohn seine volle Fürsorge und Unterstützung genießt – jederzeit.

Vielleicht heißen die Mauern in deinem Leben „Angst", „Zweifel", „Chaos" oder „Sorge". Aber dann fällt dir ein: Du bist doch Gottes Kind! Und seine unendlich große Liebe kann deine Ängste und Zweifel verjagen. Damit gehst du Schritt für Schritt vorwärts.

Soll das nun heißen, dass alle kniffligen Situationen einfach verschwinden werden? Bei Josua war das ganz und gar nicht der Fall, er kämpfte sieben Jahre lang! Doch er erlebte insgesamt mehr Siege als Niederlagen.

Du kannst auch ein Sieger sein – wie Josua! Es braucht nur den Entschluss, daran zu glauben, dass dein himmlischer Papa ein unfassbares Erbe für dich bereithält. Er wird dir schenken, was du brauchst, um die Herausforderungen des Lebens zu meistern.

GOTTES VERSPRECHEN FÜR DICH

Alle, die sich von Gottes Geist regieren lassen, sind Kinder Gottes. Denn **der Geist Gottes**, den ihr empfangen habt, führt euch nicht in eine neue Sklaverei, in der ihr wieder Angst haben müsstet. Er **hat euch vielmehr zu Gottes Söhnen und Töchtern gemacht.** Jetzt können wir zu Gott kommen und zu ihm sagen: „Abba, lieber Vater!" Gottes Geist selbst gibt uns die innere Gewissheit, dass wir Gottes Kinder sind.
Römer 8,14–16

Als Kinder Gottes seid ihr auch seine Erben, **euch gehört alles, was Gott versprochen hat.**
Galater 4,7

Gott gibt dir, was du zum Leben brauchst. **In seiner Hand liegt deine Zukunft.** Du darfst ein **wunderbares Erbe** von ihm empfangen!
nach Psalm 16,5–6

DENK MAL

Angst Sorge Zweifel Traurigkeit Chaos
Ungewissheit Einsamkeit Misstrauen
Kummer Verletzungen Ärger Misserfolg
Schuld Hass Krankheit schwere Zeiten

Was in deinem Leben fühlt sich momentan wie eine unüberwindliche Mauer an?

Vergiss nie, wie reich du als Kind Gottes und sein Erbe bist! (siehe Römer 8,17) Du bist seine Tochter bzw. sein Sohn – und er will dich aus seinem Reichtum mit allem beschenken, was du benötigst!
Diese Verheißung kann dir helfen, Angst und Sorge vor der Zukunft zu vertreiben.

In Lukas 11,9 sagt Jesus: „Bittet, so wird euch gegeben; suchet, so werdet ihr finden; klopfet an, so wird euch aufgetan." Das ist ein gigantisches Versprechen!

Diese Träume, Bedürfnisse und Sehnsüchte vertraue ich Gott an:

DAS VERSPRECHE ICH GOTT

ALS ERBE GOTTES UND MITERBE VON JESUS
VERTRAUE ICH DARAUF, DASS ER IMMER TAUSENDUNDEINE
MÖGLICHKEITEN HAT, MEINE BEDÜRFNISSE ZU STILLEN.
EGAL, WIE SCHWER SICH DAS LEBEN GRAD ANFÜHLT –
ICH WILL IMMER DARAN DENKEN, DASS ICH GOTTES KIND BIN
UND ER MICH REICH BESCHENKT: MIT SEINER LIEBE,
MIT SEINEN VERHEISSUNGEN UND SEINER VERSORGUNG.

Dir IST ZU hundert PROZENT VERGEBEN

ALSO GIBT ES JETZT FÜR DIE,
DIE ZU CHRISTUS JESUS GEHÖREN,
KEINE VERURTEILUNG MEHR.

Römer 8,1; NL

Vor einigen Jahren begann ich mit Schwimmtraining. Innerhalb einiger Wochen entwickelte ich mich von der Kaulquappe zu einem kleinen Frosch. Es sah nicht spektakulär aus, aber ich konnte die Bahn hin- und zurückschwimmen. Ich hatte das Gefühl, dass ich echte Fortschritte machte!

Ich fühlte mich richtig gut. Als dann der Olympionike Josh Davis mich einlud, mit ihm zu schwimmen, sagte ich zu. Was du vielleicht nicht weißt: Josh hatte zweimal an den Olympischen Sommerspielen teilgenommen, wo er drei Gold- und zwei Silbermedaillen gewann. Die Hälfte seines Aufwärmprogramms ist schon mein komplettes Pensum, das mich an den Rand der Erschöpfung bringt. Josh fühlt sich in einer Schwimmbahn so wohl wie die meisten von uns in einer Straßenbahn.

Ich sprang also ins Becken. Josh schlug vor: „Lass uns zwei Bahnen schwimmen, um zu sehen, wie schnell du bist." Ich schwamm sofort los – und holte alles aus mir heraus. Am Ende war ich überrascht, dass er den Beckenrand nur wenige Sekunden vor mir berührt hatte. Da fühlte ich mich ziemlich gut.

„Bist du schon lange hier?", keuchte ich.

„Bloß ein paar Sekunden."

„Heißt das, dass ich nur ein paar Sekunden langsamer geschwommen bin als du?"

„Stimmt", sagte Josh, fügte dann aber hinzu: „Aber es gibt einen Unterschied. Während du zwei Bahnen geschwommen bist, bin ich sechs Bahnen geschwommen."

Ich lag nicht nur ein bisschen hinterher. Mit Josh würde ich nie mithalten können! Sein Level war für mich zu hoch.

Das Level Gottes lässt uns auch ziemlich klein aussehen. Gott ist heilig; wir nicht. Er ist perfekt; wir nicht. Sein Inneres ist fehlerlos; wir machen Fehler.

Was sollen wir also tun? Aufgeben? Versuchen wegzulaufen? Der Apostel Paulus hat eine grandiose Antwort parat: „Also gibt es jetzt für die, die zu Christus Jesus gehören, keine Verurteilung mehr" (Römer 8,1; NL).

Paulus beschreibt es so: Unsere Sünde ist groß genug, um uns runterzuziehen. Aber Gott liebt uns zu sehr, als dass er uns verlassen würde. Darum suchte er einen Weg, uns zu retten!

Gott redete unsere Fehler und unser Versagen nicht klein. Er sagt nicht, dass es auch ohne die Bezahlung unserer Schuld geht. Gott schraubt wegen unseres Unvermögens nicht sein Level runter. Er ist zu heilig, um unsere Sünde zu ignorieren, aber auch zu liebevoll, um uns in der Sünde stecken zu lassen. Darum tat Gott etwas Radikales. Er legte unsere Sünde auf die Schultern seines Sohnes Jesus. Von ihm heißt es: „Er hat unsere Sünden mit seinem eigenen Leib auf das Holz des Kreuzes getragen, damit wir tot sind für die Sünden und leben für die Gerechtigkeit. Durch seine Wunden seid ihr geheilt" (1. Petrus 2,24; EÜ).

Unsere Sünde ist groß genug, um uns runterzuziehen. Aber Gott liebt uns zu sehr, als dass er uns verlassen würde. Darum suchte er einen Weg, uns zu retten.

Das ist Gottes Gnade. Die Angst vorm Versagen darf verschwinden. Der Druck, dich beweisen zu müssen, oder dich vor deinen Sünden zu verstecken – du kannst ihm Adieu sagen. „Er hat den, der ohne Sünde war, für uns zur Sünde gemacht, damit wir durch ihn zu der Gerechtigkeit kommen, mit der wir vor Gott bestehen können" (2. Korinther 5,21; NeÜ).

Lies nicht drüber weg! Du kannst vor Gott den Schwimmwettkampf bestehen. Aber nicht aus eigener Kraft, sondern durch seine Gnade. Jedes Hindernis, was dich von Gott getrennt hat – oder hätte trennen können – ist verschwunden. Könnte es ein besseres Versprechen geben als dieses?

GOTTES VERSPRECHEN FÜR DICH

Wenn wir aber unsre Sünden bekennen, so ist er treu und gerecht, **dass er uns die Sünden vergibt** und reinigt uns von aller Ungerechtigkeit.
Johannes 1,9; LU

Herr, wo ist ein Gott wie du? Du vergibst … und verzeihst ihnen ihre Schuld. Du bleibst nicht für immer zornig, denn du liebst es, gnädig zu sein!
Ja, der Herr wird wieder Erbarmen mit uns haben und unsere Schuld auslöschen. **Er wirft alle unsere Sünden ins tiefste Meer.**
Micha 7,18–19

Doch **du schenkst uns Vergebung,** damit wir lernen, dich zu fürchten.
Psalm 130;3; NL

DENK MAL

Warum, glaubst du, ist es so wichtig, dass wir vor Gott (und auch bei Menschen) unsere Schuld *bekennen* – also zu unseren Fehlern stehen und sie ernsthaft bereuen?

Du musst keine Angst haben, Gott deine Fehler zu bekennen. Denk dran, er ist ein liebevoller Vater, der gern vergibt und dich nicht im Schlamassel stecken lassen will.

Vergebung befreit und nimmt uns die Last vom Herzen! Hast du das schon mal erlebt? Wie wäre es, wenn du auch versuchst, anderen zu vergeben, die dir gegenüber Fehler gemacht haben? Und auch dir selbst zu verzeihen?

DAS VERSPRECHE ICH GOTT

DURCH DAS OPFER,
DAS JESUS AM KREUZ GEBRACHT HAT,
BEKOMME ICH VERGEBUNG GESCHENKT.
DESWEGEN MUSS ICH FÜR MEINE SÜNDEN
NICHTS MEHR BEZAHLEN.
ICH MÖCHTE JEDEN TAG IN DEM WISSEN LEBEN,
DASS ICH VOR GOTT BESTEHEN KANN
UND ER MICH ANNIMMT.

Gott KANN SCHLECHTES IN Gutes VERWANDELN

WER GOTT LIEBT, DEM DIENT ALLES,
WAS GESCHIEHT, ZUM GUTEN.

Römer 8,28

Die biblische Geschichte von „Josef dem Träumer“ handelt vom Verlassensein. Josef wurde von seinen Brüdern gemobbt – wegen seiner Träume, seiner Angeberei und weil er Papas Liebling war. Also beschlossen die Brüder eines Tages, Josef in eine Grube zu werfen und ihn dann zu töten. Nur weil sich die Gelegenheit bot, ihn an eine durchreisende Karawane zu verkaufen, die Sklaven brauchten, töteten sie ihn dann doch nicht.

Josef wurde nach Ägypten verkauft. Trotzdem verlor er seine Hoffnung nicht. Im Haushalt eines Mannes namens Potiphar arbeitete er sich hoch. Potiphar war ein hoher Beamter des ägyptischen Pharaos. Aber nachdem Potiphars Frau versucht hatte, mit Josef zu flirten – jedoch erfolglos –, beschuldigte sie ihn, er wollte ihr an den Kragen gehen. Potiphar glaubte seiner Frau und warf Josef ins Gefängnis – für eine Tat, die dieser nie begangen hatte.

Im Gefängnis lernte Josef einen Mann kennen, der ebenfalls am königlichen Hof angestellt war. Der hatte einen ungewöhnlichen Traum. Josef half ihm, seinen Traum zu deuten, und bat ihn im Gegenzug, ein gutes Wort für Josef einzulegen, wenn er aus dem Gefängnis entlassen würde. Der Hofbeamte stimmte zu, vergaß jedoch sein Versprechen, als er wieder frei war. So saß Josef zwei Jahre in Haft – ohne Nachricht, ohne Hoffnung, ohne eine Lösung.

Zwei Jahre! Viel Zeit, in der man aufgeben könnte. Viel Zeit, in der man verzweifeln oder sich fragen könnte: *So also behandelt Gott seine Kinder? Ich strenge mich an, und das habe ich jetzt davon – eine Gefängniszelle und ein hartes Bett?*

Wir wissen nicht, ob sich Josef solche Fragen gestellt hat. Doch wenn dir solche Fragen durch den Kopf gehen, bist du nicht allein. *Weiß Gott eigentlich, was ich hier durchmache? Wenn Gott es weiß, interessiert es ihn überhaupt? Wie können so schlimme Situationen in seinen Plan reinpassen?*

Wenn Gott die Macht hat, warum lässt er dann Schweres in deinem Leben zu? Würde ein allmächtiger Gott so was nicht verhindern?

Nicht, wenn es seinen höheren Zwecken dient. Durch seine Leidenszeit wurde Josef zu Gottes Rettungswerkzeug für das hebräische Volk. Der Rest der Geschichte ist schnell erzählt: Als der Pharao selbst von seltsamen Träumen geplagt wurde, fiel dem Hofbeamten sein Knastbruder Josef wieder ein. Der erzählte dem Pharao von Josef. Und so kam Josef in Sekundenschnelle vom Knast in den Palast, um die Träume des Pharaos zu deuten. Das Ergebnis: „Eine Hungersnot steht uns bevor!" Sofort erhob der Pharao Josef zum höchsten Minister und übertrug ihm die Aufgabe, die Krise abzuwenden. Das tat Josef auch, und rettete damit nicht nur die Ägypter, sondern auch seine eigene Familie. Viele Jahre später sagte Josef dann zu seinen Brüdern: „Ihr hattet zwar Böses mit mir vor, aber Gott hat es zum Guten gewendet, um zu erreichen, was heute geschieht: ein großes Volk am Leben zu erhalten" (1. Mose 50,20; NeÜ).

Wir haben die Wahl. Wir können uns auf unser Unglück konzentrieren – oder auf die Hoffnung.

Was Josef kaputtmachen sollte, wurde zum Guten verwandelt. Warum? Weil Gott Josef nicht vergessen hatte. Auch dich hat er nicht vergessen! Auch und besonders, wenn du in deinem Leben schmerzvolle Erfahrungen machen musstest. Doch wenn wir etwas aus der Geschichte über Josef lernen können, dann das: Wir haben die Wahl. Wir können uns auf unser Unglück konzentrieren – oder auf die Hoffnung. Josef entschied sich für die Hoffnung auf Gottes Verheißung. Mein Tipp ist: Mach's genauso!

GOTTES VERSPRECHEN FÜR DICH

Allen, die Böses tun, stellt sich Gott entgegen und löscht jede Erinnerung an sie aus.
Psalm 34,17

Das eine aber wissen wir: Wer Gott liebt, dem dient **alles, was geschieht, zum Guten.**
Römer 8,28

In allen Schwierigkeiten ermutigt Gott uns und steht uns bei, sodass wir auch andere trösten können. Wir ermutigen sie, wie Gott uns ermutigt hat.
2. Korinther 1,4

DENK MAL

Mitten in schwierigen Umständen fühlen wir uns schnell von anderen und von Gott verlassen. Allerdings verspricht Gott in Josua 1,5, dich nie zu verlassen. Schreibe deinen Namen in die Lücke!

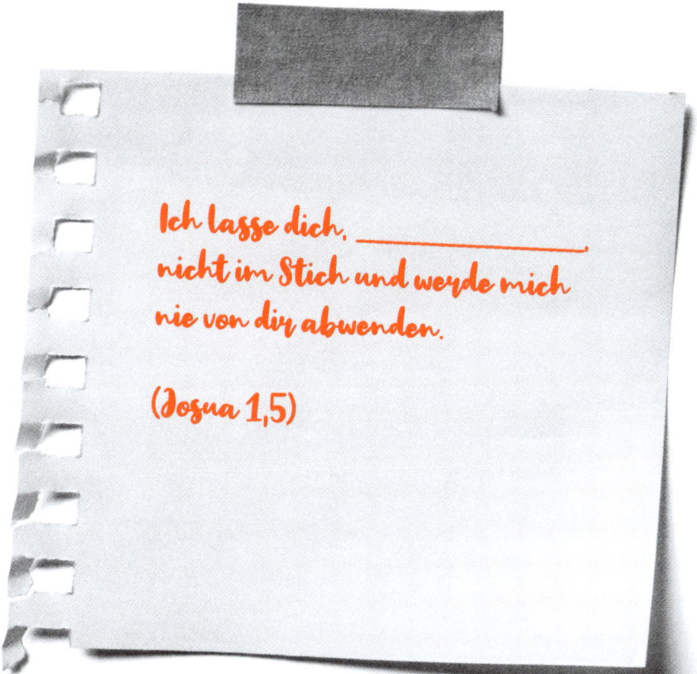

In Römer 8,28 steht ein Versprechen: „Ich, Gott, sorge dafür, dass aus dem Negativen, das du gerade erlebst, etwas Gutes entsteht. Das tue ich, weil du zu mir gehörst und mich liebst." Wenn du zu Gott gehörst, verpflichtet sich Gott, dir zu helfen!

Josef wurde gemobbt und aufs Übelste behandelt. Wo kannst du jemanden zur Seite stehen, der ausgegrenzt wird?

DAS VERSPRECHE ICH GOTT

ICH VERTRAUE GOTT AUCH IN SCHWIERIGEN ZEITEN,
SELBST DANN, WENN ES SICH SO ANFÜHLT,
ALS HÄTTE ER MICH VERGESSEN ODER VERLASSEN.
ICH WEISS, DASS GOTT MICH DURCH DIE SCHWEREN
ZEITEN TRAGEN WIRD – EGAL, WAS ES IST!

Gottes WORT FÜHRT dich

GOTT SAGT:
„ICH WILL DICH LEHREN UND DIR DEN WEG ZEIGEN, DEN DU GEHEN SOLLST; ICH BERATE DICH, NIE VERLIERE ICH DICH AUS DEN AUGEN."

Psalm 32,8

Meine To-do-Liste für die ersten Tage im Himmel sieht so aus:

- Jesus anbeten.
- Meinen Vater, meine Mutter, meinen Bruder, meine Schwestern umarmen.
- Denen danken, die für mich gebetet haben, als ich von Gott noch weit entfernt war.

Dann hätte ich gern ein langes Gespräch mit Mose. Ich stelle mir einen Mann mit wallendem Haar vor. Ich würde mich mit ihm in das Straßencafé „Himmelstor" setzen und ihn zuerst fragen, was sein größtes Erlebnis in seinem Leben auf der Erde war.

„Ähm, es waren so viele: Der brennende Busch, der nicht verbrannte. Die zehn Plagen ... Meine Lieblingsplage waren übrigens die hüpfenden Frösche. Als der Pharao sie sah, wäre er fast hopps gegangen." (Ich wusste gar nicht, dass Mose so witzig ist.)

An dieser Stelle wird Mose mich anschauen und durch seinen langen, graumelierten Bart hindurch anlächeln. Er wird aufstehen, und mit einer Hand in die Luft zeigen. So, als wenn er auf ein unsichtbares Tablet zeigen würde, wird er sagen: „Doch, ja, das größte Erlebnis war der Finger auf der Steintafel. Das ist es – der Moment, in dem Gottes Finger die Zehn Gebote in die Steintafel einritzte."

Es wird noch eine Weile dauern, bis ich die echte Antwort von Mose hören werde ... Doch ich kann mir gut vorstellen, dass Moses Highlight auf Erden der Moment war, als Gott ihm die Zehn Gebote übergab. Ich stelle mir Gottes Finger wie eine Art Blitz vor, der jedes Wort einzeln in den Stein meißelte. Falls Mose sich bewegen konnte, dann bestimmt nur, um zu schlucken oder zu beten, während Gott schrieb. Am Schluss bekam Mose die Steintafeln überreicht und übergab sie anschließend dem Volk.

Mit den Zehn Geboten – ja, mit den gesamten Schriften der Bibel – gab Gott uns auch eine Verheißung mit auf unseren Lebensweg: „Ich will dich lehren und dir den Weg zeigen, den du gehen sollst“ (Psalm 32,8).

Mit der Bibel gibt Gott uns Hilfestellung für unser Leben, und zeigt uns durch seinen Geist, was für uns gerade „dran“ ist. Denn die Bibel ist nicht einfach ein Buch; sie ist Gottes lebendiges Wort, das uns von innen heraus verändern kann. Aber du brauchst es nicht bloß mir zu glauben. Probier's selbst aus!

Die Bibel ist nicht einfach ein Buch. Sie ist Gottes lebendiges Wort, das uns von innen heraus verändern kann.

Wende das Prinzip „Vergebung“ aus der Bibel mal auf deine Freundschaften an – und beobachte, ob du innerlich Frieden bekommst. Probiere das Prinzip „Ehrlichkeit“ mal in der Schule aus, und beobachte, ob du damit gewinnst. Wende das Prinzip „Ehre deine Eltern“ an und beobachte, ob sich bei euch zu Hause etwas verbessert ...

Natürlich führt Gott uns nicht nur durch Bibelworte, sondern auch durch unsere aktuellen Lebensumstände, den Rat anderer Christen oder einen Gedanken im Gebet. Aber sein geschriebenes Wort ist und bleibt für uns die wichtigste Art und Weise, durch die Gott uns seinen Weg zeigt.

Wenn wir in den Himmel kommen, kannst du mir ja mal erzählen, wie Gottes Wort dich vor manchen Problemen und falschen Entscheidungen bewahrt hat. Und wie du durch seine Verheißungen beschenkt wurdest. Du findest mich mit Mose im Straßencafé gleich neben dem Himmelstor!

GOTTES VERSPRECHEN FÜR DICH

Mein Wort ist **ein Licht auf deinem Weg.**
nach Psalm 119,105

Alle, die sich von Gottes Geist leiten lassen, **sind seine Söhne und Töchter.**
Römer 8,14; NGÜ

Alles, was du in der **Bibel** findest, ist von Gottes Kraft inspiriert worden. Sie kann uns zeigen, wo wir im Leben wieder mal richtig danebenliegen. Dann zeigt sie uns den richtigen Weg, **hilft uns, bessere Menschen zu werden,** damit wir tun, was gottmäßig ist.
1. Timotheus 3,16: Volxbibel

Vertraue von ganzem Herzen auf Gott und verlass dich nicht auf deinen Verstand. Denke an ihn, was immer du tust, dann **wird er dir den richtigen Weg zeigen.**
Sprüche 3,5–6; NL

DENK MAL

Wie oft liest du in der Bibel? Jeden Tag? Selten? Nie? Versuchs mal hiermit:

- ◯ Die-Bibel.de App
- ◯ die Start-in-den-Tag-App vom Neukirchener Verlag und CVJM
- ◯ die App von 365steps.de
- ◯ bibletunes.de – die Bibel zum Hören

Die Worte der Bibel sind von Gottes Kraft inspiriert worden, „von Gottes Geist eingegeben" steht in vielen Übersetzungen. (2. Timotheus 3,16). Ist das nicht ein echter Grund, an Gottes Versprechen an dich zu glauben?

So hat Gott mir schon mal den Weg gezeigt:

- ◯ durch ein Wort oder einen Gedanken aus der Bibel
- ◯ durch einen „Zufall", der einfach so passiert ist (Zufall heißt, dass Gott inkognito arbeitet ☺)
- ◯ durch eine Predigt/eine Andacht/einen Song
- ◯ durch eine andere Person
- ◯ ...

DAS VERSPRECHE ICH GOTT

ICH WERDE MIR ZEIT NEHMEN,
IN DER BIBEL ZU LESEN UND AUF GOTT ZU HÖREN.
ICH GLAUBE, DASS DIE WORTE DER BIBEL
VON GOTT PERSÖNLICH INSPIRIERT SIND.
ICH GLAUBE, DASS SIE DER SCHLÜSSEL DAZU SIND,
DIE GROSSEN ZUSAMMENHÄNGE MEINES LEBENS,
MEINES GLAUBENS
UND DER WELT BESSER ZU VERSTEHEN.
UND ICH GLAUBE AUCH DARAN,
DASS ICH DURCH DIE BIBEL
GOTTES VERHEISSUNGEN FÜR MICH
ENTDECKEN KANN.

Allein DER GLAUBE rettet DICH

WENN JEMAND, OHNE IRGENDWELCHE
LEISTUNGEN VORWEISEN ZU KÖNNEN,
SEIN VERTRAUEN AUF GOTT SETZT,
WIRD SEIN GLAUBE IHM ALS GERECHTIGKEIT
ANGERECHNET, DENN ER VERTRAUT AUF DEN,
DER UNS TROTZ ALL UNSERER GOTTLOSIGKEIT
FÜR GERECHT ERKLÄRT.

Römer 4,5; NGÜ

Stell dir vor, du bekommst einen Geschenkgutschein für dein Lieblingsrestaurant. Die Karte ist mit 1.000 Euro aufgeladen. Da lädst du all deine Freunde in dieses Restaurant ein, und sagst ihnen, dass sie viel Hunger mitbringen dürfen – es geht auf deine Rechnung. Das tun sie auch. Doch als du zahlen willst, merkst du plötzlich, dass du ein Riesenproblem hast. Du hast die Nullen falsch gezählt. Statt 1.000 Euro sind es nur 10 Euro.

Das Essen ist aufgegessen, die Freunde sind heimgegangen, und du hast nur noch ein paar Münzen in der Hosentasche. Wie um alles in der Welt sollst du jetzt diese Schuld begleichen?

Du hast keine Lösung parat? Stell dir nun mal vor, wie viel es kosten würde, deine Schuld zu bezahlen – also all das zu begleichen, wo du vor Gott und anderen Menschen schuldig geworden bist. Das kann man nicht einmal ansatzweise schätzen. Wie viel beträgt beispielsweise die Strafe für Spicken in der Klausur? Für einen gemeinen Kommentar über eine bestimmte Person in den sozialen Medien? Für einmal die Eltern anlügen?

Und was ist mit den Fällen, wo ich schuldig geworden bin, ohne es zu merken? Bekomme ich dann einen Freifahrtschein, weil ich es nicht gewusst habe?

Wie gehe ich mit der Tatsache um, dass ich in meinem Leben schon eine Menge Mist gebaut habe – und immer noch tue? Abstreiten, dass ich Gott was schulde? Das verbietet mir mein Gewissen. Auf andere zeigen, die noch schlimmere Sünden begehen? Darauf fällt Gott nicht rein. Versuchen, es abzuzahlen? Könnte ich versuchen, aber damit sind wir wieder bei der Anfangsfrage: Wir wissen nicht, wie hoch die Schuldensumme ist. Tja – wie zahlen wir dann unsere Schuld ab?

Gottes Antwort ist überraschend: „Wenn jemand, ohne irgendwelche Leistungen vorweisen zu können, sein Vertrauen ganz auf Gott setzt, passiert Folgendes: Sein Glaube macht ihn gerecht, denn er vertraut auf den, der uns trotz all unseres Versagens für gerecht erklärt" (nach Römer 4,5).

Diese Verheißung steht so im Neuen Testament. Aber sie kommt auch schon im Alten Testament vor, in der Geschichte von Abraham. Er hatte Gott ganz fest und bedingungslos vertraut. Gottes Versprechen an Abraham war, dass er durch Glauben gerettet würde. Gottes Versprechen an dich und mich ist, dass wir durch Glauben gerettet werden – nur durch Glauben.

Deshalb ist der Glaube entscheidend, damit die Zusage Gottes ein Geschenk aus Gnade bleibt. Sie gilt allen: denen, die nach dem Gesetz leben und denen, die durch den Glauben leben, wie Abraham es tat (Römer 4,16; NL)

Gottes Versprechen an dich und mich ist, dass wir durch Glauben gerettet werden – nur durch Glauben.

Wir brauchen keine Angst mehr vor dem Versagen zu haben! Verflogen ist der Druck, perfekt sein zu müssen. Verflogen sind die quälenden Fragen: *Habe ich genug geleistet? Bin ich gut genug? Werde ich genug schaffen? Was ist, wenn ich Mist baue?*

Was wir unmöglich bezahlen können, wurde bereits von Gott bezahlt, wenn wir an ihn glauben. Jetzt müssen wir die Kosten nicht mehr zahlen. Halte dich an diesem Versprechen fest!

Gottes Versprechen für dich

Es ist doch so: Wenn ich eine Arbeit leiste, habe ich Anspruch auf Lohn. Er ist kein Geschenk, sondern ich habe ihn mir verdient. Aber bei Gott ist das anders. Bei ihm werde ich nichts erreichen, wenn ich mich auf meine Taten berufe. **Nur wenn ich Gott vertraue,** der den Gottlosen von seiner Schuld freispricht, **kann ich vor ihm bestehen**. Davon hat schon König David gesprochen, als er den Menschen glücklich nannte, der von Gott ohne jede Gegenleistung angenommen wird.

David sagte: „Glücklich sind alle, denen Gott ihr Unrecht vergeben und ihre Schuld zugedeckt hat! Glücklich ist der Mensch, dem der Herr seine Sünden nicht anrechnet."
Römer 4,4–8

Nichts und niemand kann dich von Gottes Liebe trennen – auch deine Schuld nicht.
nach Römer 8,38–39

DENK MAL

Hast du Angst davor, etwas falsch zu machen oder Menschen zu enttäuschen? Es ist normal, dass wir auch Fehler machen. Wer gar nichts tut, macht auch nichts verkehrt. Das weiß Gott – und er hat Erbarmen mit dir.

Gibt es Bereiche in deinem Leben, wo du immer wieder in dieselbe Falle tappst und Mist baust? Sprich mit Gott darüber.

In Römer 4 heißt es: „Bei Gott werde ich nichts erreichen, wenn ich mich auf meine Taten berufe." Denk daran, wenn du dich das nächste Mal mit Leuten vergleichst, die scheinbar mehr oder Tolleres leisten als du. Bei Gott zählt nicht deine Leistung, sondern dein Wert, den du bei ihm hast.

DAS VERSPRECHE ICH GOTT

ICH MÖCHTE NICHT VERGESSEN,
DASS GOTT DIE SCHULD FÜR MEINE SÜNDE ABGEZAHLT
HAT – WEIL ICH AN JESUS CHRISTUS GLAUBE.
ICH WILL KEINE ANGST MEHR HABEN,
DASS MEINE SÜNDEN DOCH NICHT VERGEBEN SIND,
SONDERN ICH MÖCHTE ZUVERSICHTLICH
AN GOTTES VERSPRECHEN FESTHALTEN,
DASS ICH ALLEIN DURCH MEINEN GLAUBEN
GERETTET WERDE.

Gott GIBT dir KRAFT

DA ERSCHIEN EINEM JUNGEN MANN
NAMENS GIDEON EIN ENGEL GOTTES
UND SAGTE ZU IHM: „GOTT IST MIT DIR,
DU STARKER KÄMPFER!"

nach Richter 6,12

Wenn du einen Blick in den Jahresbericht meiner Schule werfen könntest, als ich in der 9. Klasse war, müsstest du dir die Basketballmannschaften genau ansehen. Nicht die beiden Top-Schulmannschaften, sondern die normalen Mannschaften der Neuntklässler. Du würdest auf eine erste Mannschaft und eine zweite Mannschaft stoßen. Ich war in der zweiten Mannschaft ... quasi.

In dieser B-Mannschaft gab es zwölf Spieler, aber nur zehn Trikots. Zwei von uns mussten also in ihren normalen Klamotten aufs Foto. Ich war zwar einigermaßen groß, aber ungelenkig wie ein Stück Holz, darum war ich der eine von den beiden. Der andere Junge ohne Trikot hatte eine dicke Brille und einen größeren Bauchumfang.

Ich wollte eigentlich nicht zu dem Fototermin gehen – ich kann mich noch gut an den Tag erinnern. Doch genau wie ich es auf dem Basketballfeld nicht schaffte zu dribbeln und zu passen, schaffte ich es nicht, einfach wegzubleiben oder mich wenigstens unsichtbar zu machen. Mein Status „Basketball-Loser" wurde also auf dem Bild verewigt.

Gott benutzt gewöhnliche Leute für außergewöhnliche Aufgaben.

Es war ein Gideon-Moment. Kennst du die Geschichte von Gideon im Alten Testament?

Als Gott ihn bat, ihm bei der Rettung Israels zu helfen, wurde Gideon blass wie Kreide. „Aber wie soll ich Israel denn retten? Meine Sippe ist die kleinste in Manasse, und ich bin der Jüngste in unserer Familie" (Richter 6,15).

Krasser ausgedrückt: Er bezeichnete sich als Schwächling aus einer Familie von Schwächlingen. Aber Gott benutzt gewöhnliche Leute für außergewöhnliche Aufgaben!

„Besonders sein" – das hat nichts damit zu tun, wie du aussiehst, welchen Notendurchschnitt du hast, was du kannst oder nicht kannst. „Besonders sein" hat ganz viel damit zu tun, dass du vom Meister des ganzen Universums geschaffen wurdest.

Eine der größten Lügen des Teufels ist, dass Gott nur besondere Leute braucht. Und wie alle Lügen des Teufels beruht auch diese auf einer Halbwahrheit. Gott braucht tatsächlich besondere Leute. Aber sie sind besonders, *weil Gott sie gebraucht*.

Schau dir mal an, wie er Gideons Armee gebraucht hat:

Zuerst schickte Gott 95 Prozent der Kämpfer heim, um zu zeigen, dass der Kampf durch Gottes Kraft gewonnen werden sollte. Dann teilte er ihnen den bevorstehenden Sieg mit, indem Gideon ein Gespräch der gegnerischen Soldaten belauschte: Einer von denen erzählte nämlich gerade von einem seltsamen Traum, den er gehabt hatte.

„Als Gideon den Traum und die Deutung gehört hatte, warf er sich nieder und betete Gott an. Dann kehrte er ins israelitische Lager zurück und rief: ‚Los! Der Herr gibt die Midianiter in eure Gewalt!'" (Richter 7,15).

Zuerst schien die Lage aber schlimmer zu werden anstatt besser ... Kommt dir das bekannt vor? Dann wird Gideon jetzt dein neuer Held. Er war unerfahren, schwach, seine Armee war klein – aber sein Gott war groß. Durch alle Schwierigkeiten hindurch schenkte er Gideons Armee schlussendlich den Sieg.

Durch diesen Sieg lernte Gideon etwas, was Gott uns allen beibringen möchte: Wir brauchen lediglich Gottes Nähe! Das ist genug. Wir brauchen keine große Armee. Wir brauchen keine Massen an Hilfsmitteln. Seine Nähe sorgt dafür, dass die Waagschale zu unseren Gunsten kippt.

Vielleicht verstehst du Gottes Wege nicht, vielleicht hast du Fragen – so wie Gideon. Aber diese Verheißung soll sich tief in dein Herz einprägen: Gott gibt dir Kraft!

GOTTES VERSPRECHEN FÜR DICH

Sei mutig und entschlossen! Lass dich nicht einschüchtern und hab keine Angst! Denn **ich, der Herr, dein Gott, stehe dir bei,** wohin du auch gehst.
Josua 1,9

Fürchte dich nicht, denn ich stehe dir bei; hab keine Angst, denn ich bin dein Gott! **Ich mache dich stark, ich helfe dir,** mit meiner siegreichen Hand beschütze ich dich!
Jesaja 41,10

Gott sagt: „**Ich lasse dich nicht im Stich,** nie wende ich mich von dir ab."
Hebräer 13,5

Gott verspricht: **„Meine Kraft ist in den Schwachen mächtig."**
2. Korinther 2,9; NeÜ

DENK MAL

Wenn du versuchst, Dinge aus eigener Kraft zu tun, fühlst du dich schwach und allein. Doch wenn du schwere Aufgaben mit Gott angehst, bekommst du seine Kraft. In welchen Lebensbereichen brauchst du momentan besonders Gottes Power?

„Besonders sein" hat nichts damit zu tun, wie du aussiehst, was du kannst oder wie klug du bist – sondern es hat ganz viel damit zu tun, dass du Gottes Schöpfung bist. Fällt es dir leicht oder schwer, dich als einmalige Schöpfung Gottes zu betrachten? Warum?

Wie du im Laufe des Tages Gottes Nähe erleben kannst:

- Mach dir immer wieder bewusst, dass du den größten Superhelden aller Zeiten an deiner Seite hast.
- Schick kleine Gebete nach oben.
- Frag Gott um Rat, wenn du gerade nicht weiterweißt.
- Klebe oder lege dir für dich sichtbar einen Mut machenden Bibelvers hin.

DAS VERSPRECHE ICH GOTT

ICH MÖCHTE IMMER DARAN DENKEN,
DASS GOTT MIR KRAFT GIBT.
ER HAT MICH EINMALIG GESCHAFFEN,
UM AN DIESEM ORT
UND IN DIESER ZEIT DER WELTGESCHICHTE ZU LEBEN.
EGAL, WAS ICH ERLEBE,
ICH BIN NIE ALLEIN,
WEIL GOTT BEI MIR IST.

Deine GEBETE SIND Gott WICHTIG

DAS GEBET EINES MENSCHEN,
DER NACH GOTTES WILLEN LEBT,
HAT GROSSE KRAFT.

Jakobus 5,16

Hast du schon mal bezweifelt, ob deine Gebete Gott überhaupt etwas bedeuten? Der Prophet Elia aus dem Alten Testament würde dir sicher gern was dazu erzählen.

Elia lebte 800 Jahre vor Jesus. Es war eine sehr dunkle Zeit in der Geschichte Israels. Die Herrscher waren verlogen und die Herzen der Menschen kalt. Schlimmer noch, es setzte sich zunehmend die Meinung durch, dass Götterfiguren die Gebete besser erhören könnten als Gott.

Elia war wütend darüber – und verlangte eine Machtprobe: der wahre Gott Israels gegen Baal, den falschen Götzen. Im neuen Testament steht über Elia: „Er war ein Mensch wie wir. Er betete inständig, es möge nicht regnen, und tatsächlich fiel dreieinhalb Jahre kein Wassertropfen auf das Land" (Jakobus 5,17). Nach dieser langen Dürre sagte Elia zu den Baalspriestern: „Okay, wir machen es so: Ihr bekommt einen Stier; ich bekomme einen Stier. Ihr baut einen Altar aus Holz; ich baue einen Altar aus Holz. Ihr bittet euren Gott, Feuer zu schicken; ich bitte meinen Gott, Feuer zu schicken. Der Gott, der durch Feuer antwortet, ist der echte Gott."

Die Baalspriester willigten ein und fingen an, zu ihrem Götzen zu beten. Stundenlang schrien sie zu Baal, aber nichts passierte. Schließlich fragte Elia, ob er anfangen könne mit beten. Er goss sogar eimerweise Wasser über den Holzaltar, sodass es nur so triefte. Dann betete er:

Herr, du Gott Abrahams, Isaaks und Israels! Heute sollen alle erkennen, dass du allein der Gott unseres Volkes bist. Jeder soll sehen, dass ich dir diene und dies alles nur auf deinen Befehl hin getan habe. Erhöre mein Gebet, Gott! Antworte mir, damit dieses Volk endlich einsieht, dass du der wahre Gott bist und sie wieder dazu bringen willst, dir allein zu dienen. (1. Könige 18,36–37)

Und jetzt kommt's:

Da ließ der Herr Feuer vom Himmel fallen. Es verzehrte nicht nur das Opferfleisch und das Holz, sondern auch die Steine des Altars und den Erdboden darunter! Sogar das Wasser im Graben leckten die Flammen auf. Als die Israeliten das sahen, warfen sie sich zu Boden und riefen: „Der Herr allein ist Gott! Der Herr allein ist Gott!" (1. Könige 18,38–39).

Ist dir noch was aufgefallen? Elia bat Gott noch nicht mal darum, Feuer zu senden. Gott sah Elias Herz an und dann – *zisch!* – brannte der Altar. Krass, oder?

An Elias Story kannst du sehen: Das Gebet ist nicht der letzte Ausweg, wenn sonst nichts mehr hilft, sondern das Allererste, was wir tun sollen! Und: Gott hat eine riesige Macht und eine gewaltige Kraft. Er freute sich über Elias Gebet und erhörte es gern. Auch über deine Gebete freut Gott sich und hört sie!

Klar, Gott reagiert auf unsere Bitten oftmals ganz anders, als wir es uns vorstellen. Er ist auch kein Wunschautomat. Aber ein Gott, der unsere Bedürfnisse kennt, sie im Blick hat – und uns das geben wird, was wir brauchen.

Gebet ist nicht der letzte Ausweg, sondern das Allererste, was wir tun sollen.

Aber warum?, fragst du dich jetzt vielleicht, *warum sollen ihm meine Gebete wichtig sein?*

Das ist ganz einfach: Deine Gebete sind Gott wichtig, weil DU Gott wichtig bist. Du bist nicht irgendjemand; du bist *sein Kind*! Vergiss das nie.

GOTTES VERSPRECHEN FÜR DICH

Der Herr ist denen nahe, die zu ihm beten und es dabei ehrlich meinen.
Psalm 145,18

Jesus sagt: „Wenn zwei von euch hier auf der Erde darin eins werden, eine Bitte an Gott zu richten, dann wird mein Vater im Himmel diese Bitte erfüllen. Denn wo zwei oder drei zusammenkommen, die zu mir gehören, **bin ich mitten unter ihnen**."
Matthäus 18,20; NL

Wenn du beten willst, geh in dein Zimmer, mach die Tür hinter dir zu und bete zu deinem himmlischen Vater. Denn er ist auch da, wo sonst niemand hinguckt. Und Gott, der auch das Verborgene sieht, **wird dich dafür belohnen.**
nach Matthäus 6,6

DENK MAL

Ist Beten für dich ein echtes Gespräch mit Gott? Oder eher ein Vortrag von höflichen Bitten – in der Hoffnung, dass sie erhört werden?

Wann fällt es dir am schwersten zu beten?

- ○ wenn ich gestresst bin und viele Termine habe
- ○ wenn Gott auf meine Gebete nicht zu reagieren scheint
- ○ wenn ich alleine bete
- ○ in einer Gruppe mit anderen Betern
- ○ wenn ich krank bin/Schmerzen habe
- ○ wenn etwas Schlimmes passiert ist
- ○ wenn ich keine Hoffnung mehr habe

Was meinst du – woran liegt das?

- ○ Andere Dinge sind mir wichtiger als Gott/das Gespräch mit ihm.
- ○ Ich glaube nicht, dass Gebet tatsächlich etwas verändert.
- ○ Ich glaube nicht, dass Gott sich wirklich für mich interessiert.
- ○ Ich glaube, dass ich auch ohne Beten ganz gut klarkomme.
- ○ Ich zweifle an Gott und dem, was er tut/nicht tut.

> Nicht alle unsere Wünsche,
> aber alle seine Verheißungen
> erfüllt Gott.
>
> Dietrich Bonhoeffer

Probier doch mal verschiedene Arten des Betens aus: Gebetsspaziergang, eine Kerze zum Gebet anzünden, vor Gott schweigen und seine Nähe genießen, einen Brief an Gott schreiben …

DAS VERSPRECHE ICH GOTT

ICH MÖCHTE DAS GEBET
AN DIE ERSTE STELLE IN MEINEM LEBEN SETZEN,
WEIL ICH WEISS, DASS GOTT MEINE GEBETE WICHTIG
SIND. ICH VERTRAUE DARAUF, DASS ER MEIN GEBET
AUF DIE BESTE WEISE ERHÖREN WIRD. WENN ICH SCHWERE
ZEITEN ERLEBE, DENKE ICH DARAN, NIE DIE HOFFNUNG
AUFZUGEBEN, WEIL ER IMMER AN MEINER SEITE IST
UND ICH MIT IHM REDEN KANN.

Gott, DEIN RETTERHELD, sieht DICH

DU BIST DER GOTT, DER MICH SIEHT.

1. Mose 16,13

Die Lieblingsbeschäftigung meines großen Bruders war, mich zu ärgern. Als Kind erlebte ich keinen Tag, an dem er mich nicht fertigmachte. Wenn ich durch die Tür kam, stellte er mir ein Bein. Er rang mich zu Boden und setzte sich auf meine Brust, bis ich keine Luft mehr bekam. Sein erster Gedanke beim Aufwachen war wahrscheinlich: *Wie kann ich Max heute ärgern?*

Doch eines Tages geschah ein Wunder. Anstatt mich zu ärgern, wählte er mich beim Baseball in seine Mannschaft. Mama hatte gesagt, dass er in den Park gehen dürfe, wenn er mich mitspielen ließe. Er hatte gestöhnt, dann aber zugestimmt. Als wir im Park ankamen, waren schon superviele Jungs da, die Ball spielen wollten. Ich war von allen der Jüngste und hatte das wenigste Talent.

Als die beiden besten Spieler anfingen, ihre Mannschaften zu wählen, wusste ich, dass ich als Letzter drankommen würde – vor allem, weil einer der beiden Kapitäne mein Bruder war. Doch das Wunder geschah! So wie der Moment, in dem Gott das Rote Meer teilte und Lazarus vom Tod auferweckte, so fühlte sich der Augenblick an, als mein Bruder mich wählte: „Ich nehme Max."

Ich lief durch die Reihen der noch übrigen Spieler und nahm meinen Platz neben meinem unerwarteten Helden ein. Vom untersten Ende der Hackordnung durfte ich an die vorderste Front treten – nur weil er meinen Namen genannt hatte!

Mein Bruder hatte mich nicht gewählt, weil ich gut spielte. Er hatte mich nur aus einem einzigen, alleinigen Grund aufgerufen: weil er mein großer Bruder war. An diesem Tag beschloss er, ein guter großer Bruder zu sein. So verhalten sich wahre Helden: Sie sehen jemanden ganz hinten in der Menge stehen und rufen ihn auf. Sie ziehen das Verletzliche aus der Gefahr heraus und nehmen es unter ihre Obhut.

Man könnte sagen, dass mein Bruder in gewisser Weise mein Retter wurde.

Genau das war auch ein Mann namens Boas für Ruth. Boas war ein wohlhabender Großgrundbesitzer. Ruth hatte alles verloren. Er hatte Arbeiter. Sie brauchte Arbeit. So landete sie bald auf einem Feld von Boas und arbeitete dort (Ruth 2,2–3). Als Boas sie sah, wurde er hellwach. Vielleicht war sie hübsch. Vielleicht hatte er ein Herz für die Notleidenden. Vielleicht schoss Amor einen Pfeil in sein Herz. Egal – Boas beschützte und versorgte Ruth mit so viel Freundlichkeit, dass sie ihn schließlich fragte: „Wie kommt es, dass du so freundlich zu mir bist? Ich bin doch eine Fremde" (Ruth 2,10; GN).

Man könnte sagen, dass Jesus dein perfekter großer Bruder ist.

Ein echter Retter hat eine Menge anzubieten. Er ist nicht nur Helfer, sondern auch Befreier, Beschützer, Versorger und Erlöser. Zuerst rettet er dich natürlich, aber dann bietet er dir auch ein Zuhause, einen Sinn und eine Zukunft. Das tut Jesus für dich! Man könnte sagen, dass Jesus dein perfekter großer Bruder ist. Wenn er dich auf dem Spielfeld entdeckt, bringt er dich mit seiner Mannschaft ins Spiel.

Ich habe meinen Bruder nie gefragt, warum er mich damals auf dem Baseballfeld gewählt hat. Gern würde ich mir einbilden, er hat mich gewählt, weil ich ein so guter Spieler war, aber das wäre unehrlich. Er wählte mich, weil ein großer Bruder das eben so macht. Vermutlich hat er sich das bei Jesus abgeschaut.

GOTTES VERSPRECHEN FÜR DICH

Gott ist dein Fels, **deine Hilfe und dein Schutz**, er steht dir bei, sodass dich nichts zu Fall bringen wird.
nach Psalm 62,7

Der Herr ist denen nahe, die verzweifelt sind, und **er rettet** diejenigen, die alle Hoffnung verloren haben.
Psalm 34,19

Wie ein Vogel seine Flügel über die Jungen ausbreitet, so wird er auch **dich stets behüten und dir nahe sein**. Seine Treue umgibt dich wie ein starker Schild.
Psalm 91,4

Gott hat uns aus der Gewalt der Finsternis befreit, und nun leben wir unter der Herrschaft seines geliebten Sohnes Jesus Christus. **Durch ihn sind wir erlöst**, unsere Sünden sind vergeben.
Kolosser 1,13

DENK MAL

Boas beschützte und versorgte Ruth mit unfassbarer Freundlichkeit. Gab es in deinem Leben schon mal jemanden wie ihn?

Durch _____________ (Name) habe ich

☐ Hilfe ☐ Rettung ☐ Versorgung ☐ Schutz erfahren, als ich in einer schwierigen Situation war und mir selbst nicht helfen konnte.

Das war die Situation:

____

____

____

Hast du schon mal jemanden aus einer Notlage gerettet? Wie hat sich das in deinem Herzen angefühlt – und wie fühlte sich der Empfänger deiner Hilfe?

DAS VERSPRECHE ICH GOTT

ICH MÖCHTE IMMER WIEDER DARAN DENKEN, DASS JESUS MEHR ALS MEIN HELFER IST – ER IST AUCH MEIN BESCHÜTZER, VERSORGER UND MEIN RETTER. ER KÜMMERT SICH UM MEINE BEDÜRFNISSE UND BESCHÜTZT MICH VOR BÖSEM. DESHALB VERTRAUE ICH IHM.

Gott HILFT den DEMÜTIGEN

GOTT TRITT STOLZEN ENTGEGEN,
DEMÜTIGEN ABER SCHENKT ER SEINE GNADE.

1. Petrus 5,5; EÜ

Kennst du die Geschichte von dem Jungen, der das „Demuts-Abzeichen" gewann? Doch dann wurde es ihm wieder weggenommen, weil er es voller Stolz vor sich hertrug. Demut ist eine sehr komplizierte Sache, denn sobald du meinst, sie zu besitzen, hast du sie wahrscheinlich schon wieder verloren.

Demütig sein bedeutet, nicht von sich selbst eingenommen zu sein. Man weiß nicht alles besser, sondern man weiß genau, wie sehr man Gott und andere Menschen braucht. Die Bibel beschreibt Demut als Gegenteil von Stolz.

Gott hat uns ein krasses Versprechen gegeben: „Gott tritt Stolzen entgegen, Demütigen aber schenkt er seine Gnade" (1. Petrus 5,5; EÜ). Das spannendste Beispiel der Bibel für dieses Versprechen finden wir im Buch Daniel – in der Geschichte von Nebukadnezar. Er war ein machtgieriger König. Im Jahr 609 vor Christus eroberte er Jerusalem und ließ zu seiner eigenen Ehre eine dreißig Meter hohe goldene Statue errichten. Vielleicht kennst du die Geschichte von Nebukadnezars Wut, als drei junge Männer sich nicht vor der Statue verbeugen wollten. Er ließ den Feuerofen siebenmal heißer als sonst anfeuern und warf die Männer ins Feuer. Als sie unversehrt wieder herauskamen, staunte Nebukadnezar zwar darüber, aber dieses Wunder machte ihn nicht demütig.

Demut heißt: Ich weiß nicht alles besser, sondern erkenne, wie sehr ich Gott und andere Menschen brauche.

Jahre vergingen. Nebukadnezar erlebte eine Zeit des Friedens und Wohlstands. Seine Feinde hielt er in Schach. Sein Reichtum war gesichert. Doch genau in dieser Zeit hatte Nebukadnezar einen seltsamen Traum, den weder er noch seine Diener verstanden. Also bat er Daniel, ihm den Traum zu erklären.

Daniel hörte sich den Traum des Königs an und ihm wurde ganz mulmig zumute. Gott teilte Daniel nämlich eine Warnung an Nebukadnezar mit: „Nebukadnezar, werde demütig, bevor es zu spät ist"!

Nebukadnezar weigerte sich jedoch, das einzusehen. Also gab Gott dem König noch ein Jahr, um von seinem stolzen Thron runterzusteigen. Aber er dachte nicht im Geringsten daran.

Ein Jahr später ging er auf dem Dach seines Palastes auf und ab und hörte eine Stimme vom Himmel: *„König Nebukadnezar, lass dir sagen: Deine Herrschaft ist zu Ende! Die Menschen werden dich verstoßen, unter wilden Tieren musst du hausen und Gras fressen wie ein Rind" (Daniel 4,28–29).*

Wenn ein Mächtiger stürzt, ist der Sturz mächtig. Eben noch dachte Nebukadnezar, er sei der Chef der ganzen Welt, und schon im nächsten Moment lebte er wie ein wildes Tier. Was wir daraus lernen können: Gott hasst den Stolz.

Stolz, Besserwisserei, Sturheit und Selbstüberschätzung verlangen einen hohen Preis. Ein solches Verhalten kann dich in großes Unglück stürzen. Entscheide dich lieber für die Demut, auch wenn das auf den ersten Blick vielleicht uncool ist. „Gott tritt Stolzen entgegen, Demütigen aber schenkt er seine Gnade" (1. Petrus 5,5; EÜ).

So, wie Gott den Stolz hasst, liebt er die Demut. Jemand, der demütig ist, erkennt, dass er Gott braucht. Dass er es nicht alleine schaffen kann. Dass er nicht der Klügste ist. Dass er sich nicht in den Vordergrund drängen muss. Ein demütiger Mensch erkennt, wo er Fehler gemacht hat und steht dazu. Und ist dann bereit, aus dem Fehler zu lernen und um Vergebung zu bitten.

Wer im Stolz lebt, den kann Gott ganz schnell von seinem hohen Ross runterholen. Doch wer eine demütige Haltung hat, den kann Gott in seinem Reich gebrauchen.

GOTTES VERSPRECHEN FÜR DICH

Du sorgst für die Erniedrigten und durchschaust die Stolzen schon aus weiter Ferne!
nach Psalm 138,6

Demütigt euch vor dem Herrn und **er wird euch erhöhen**!
Jakobus 4,10; EÜ

GOTTES RAT AN DICH:

Lobe dich nicht selbst, lass das andere tun!
Sprüche 27,2; NL

Weder Egoismus noch Streben nach Ehre sollen dein Handeln bestimmen. Im Gegenteil: Sei bescheiden und achte den anderen mehr als dich selbst.
nach Römer 12,3

DENK MAL

Das Wort Demut kommt aus dem Althochdeutschen und ist eine Kombination aus den Wörtern dionōn („dienen") und muoti („Mut"). Demut ist also eigentlich die Haltung eines Menschen, der den Mut hat, anderen zu dienen. Jesus hat selbst mal gesagt: „Wer der Größte unter euch sein will, der soll ein Diener sein" (siehe Markus 10,43).

Eine stolze Haltung kann viele Gesichter haben. Wo hast du schon mal auf andere herabgeschaut, sie beurteilt/verurteilt? Eine Sache übertrieben, um dich in einem besseren Licht darzustellen – oder einen anderen aufgrund seines Äußeren bewertet?

Hier könnte ich mehr Demut (das heißt: Bescheidenheit, Unterordnung, Mut zum Dienen, Mitgefühl) gebrauchen:

- ◯ in der Beziehung zu meinen Eltern
- ◯ in der Schule
- ◯ wenn ich anderen begegne, die (scheinbar) weniger können als ich
- ◯ wenn ich anderen begegne, die anders oder ungewohnt aussehen
- ◯ wenn andere einen Fehler machen
- ◯ ...

DAS VERSPRECHE ICH GOTT

ICH WILL IN DER DEMUT LEBEN, NICHT IM STOLZ.
ICH ERKENNE AN, DASS ICH NICHT ALLES BESSER WEISS – IM GEGENTEIL.
DARUM BIN ICH VOR GOTT DEMÜTIG.
ER WIRD MICH AUF DIE RICHTIGE ART
UND ZUR RICHTIGEN ZEIT GROSS MACHEN.

Gott KRÖNT dein HANDELN MIT Erfolg

WIR WOLLEN NICHT MÜDE WERDEN ZU TUN, WAS GUT UND RECHT IST. DENN WIR DÜRFEN UNS DARAUF VERLASSEN, DASS ER UNS DEN RICHTIGEN WEG ZEIGT UND UNSER TUN MIT ERFOLG KRÖNT.

nach Galater 6,9 und Sprüche 3,6

Vor einiger Zeit wollte ich gern das Fliegen lernen. Nach etwa zwanzig Stunden Flugunterricht war ich, ehrlich gesagt, schon richtig gut. Ich konnte das Flugzeug starten. Ich konnte Links- und Rechtskurven fliegen, steigen und sinken. Ich konnte ein Flugzeug steuern.

Was ich nicht konnte, war das *Landen*.

An dem Tag, als ich fast vom Himmel gefallen wäre, hatte ich gerade eine Flugstunde absolviert – und saß nun hinten, als mein Fluglehrer Hank sagte: „Mir ist total übel! Ich muss das Flugzeug auf den Boden bringen. Ich kann nicht weiterfliegen." So etwas möchte man nie im Leben aus dem Munde eines Piloten hören. Wäre Hank ohnmächtig geworden, hätte ich die Steuergeräte von hinten nicht erreichen können. Ich hätte keinen Hilferuf per Funk senden können. Ich hätte das Flugzeug nicht steuern können. Nicht zu vergessen: Ich hatte noch nicht gelernt, wie man landet. Ich war absolut hilflos!

Hast du so was schon mal erlebt? Nicht im Flugzeug, sondern in deinem Leben? Wenn ja, hast du etwas mit Esther gemeinsam. Sie war eine Jüdin, lebte etwa im 5. Jahrhundert vor Christus und war mit König Xerxes verheiratet. Der Böse in dieser Geschichte ist Haman (der Name klingt schon etwas unsympathisch, oder?). Er hasste die Juden im Land, darum stiftete er den König an zu denken, die Juden seien schlechte Leute, die man töten müsse. König Xerxes – der übrigens nicht wusste, dass seine Frau Jüdin war – stimmte zu und stieß einen Plan an, den später niemand mehr zurücknehmen konnte – nicht einmal er selbst.

Esther tat einen Glaubensschritt und Gott segnete sie für ihren Gehorsam. Auch für dich wird er das tun!

Esther und ihr Onkel Mordechai gehörten zu den Leuten, die sterben sollten. Aber dann stieß Gott eine Reihe von Wundern an …

Mordechai flehte seine Nichte an, den König um Gnade zu bitten, bevor es zu spät war.

„Tja, mein Lieber, das ist nicht so einfach", antwortete Esther, „denn noch nicht mal die Königin darf einfach so zum König reinspazieren. Sie muss extra eingeladen werden, sonst bringt man sie um!"

Darauf antwortete Mordechai:

Wenn du jetzt nichts unternimmst, wird von anderswoher Hilfe für die Juden kommen, du aber und deine Familie – ihr werdet sterben! Vielleicht bist du gerade deshalb Königin der Juden geworden, um die Juden aus dieser Bedrohung zu retten! (Esther 4,13–14).

Mordechai war sich ganz sicher, dass das jüdische Volk Hilfe erhalten würde. Einzig die Frage, welche Rolle Esther in dem Rettungsplan spielen sollte, beschäftigte ihn.

Da traf Esther eine sehr mutige Entscheidung: „Dann will ich zum König gehen, obwohl ich damit gegen das Gesetz verstoße. Wenn ich umkomme, dann komme ich eben um!" (Esther 4,16). Sie tat einen Glaubensschritt und Gott segnete sie für ihren Gehorsam.

Auch dich will Gott segnen, wenn du ihm vertraust und mutig Glaubensschritte wagst! Du wirst sicher nicht wie Esther ein Volk retten. Aber vielleicht jemandem aus der Klemme helfen, einen Mitschüler verteidigen oder einen größeren Betrag von deinem Geld an Bedürftige abgeben oder … oder.

Übrigens, wie du dir wahrscheinlich schon gedacht hast, landete das Flugzeug sicher und wir schafften es bis nach Hause. Gott verspricht, dass er auch dich sicher nach Hause bringen wird.

GOTTES CHALLENGE FÜR DICH

Sorgt dafür, dass es gerecht zugeht, weist die Übeltäter in ihre Schranken. Verhelft den Benachteiligten zu ihrem Recht und tretet für sie ein.
nach Jesaja 1,17

... UND SEIN VERSPRECHEN

Gott ist treu! Man kann sich auf ihn verlassen. Er hat euch dazu ausgesucht, mit ihm und seinem Sohn, der unser Chef ist, zusammen zu sein.
1.Korinther 1,9; Volxbibel

Gott rettet dich, er steht für deine Ehre ein. Er schützt dich wie ein starker Fels, bei ihm bist du geborgen.
nach Psalm 62,8

Verlass dich nicht auf deinen eigenen Verstand, sondern vertraue voll und ganz dem Herrn! Denke bei jedem Schritt an ihn; er zeigt dir den richtigen Weg und **krönt dein Handeln mit Erfolg.**
Sprüche 3,5–6

DENK MAL

Hast du dich schon mal für eine gute Sache/für Gerechtigkeit/die Wahrheit eingesetzt, auch wenn es dich viel gekostet hat? Wie ging die Sache am Ende aus?

Du bist wichtig und du kannst durch dein Da-Sein etwas in dieser Welt verändern! Gott hat sich was dabei gedacht, dass du genau jetzt und hier auf dieser Welt lebst. Es ist kein Zufall, dass du in dieser Familie, in diesem Land, in genau dieser Stadt gelandet bist. Bitte Gott, dir zu zeigen, wie du an deiner Schule, in deiner Family, in deiner Gemeinde oder deiner Nachbarschaft etwas bewirken kannst.

Wo brauchst du Mut für einen Glaubensschritt? Was hält dich davon ab, ihn zu gehen?

DAS VERSPRECHE ICH GOTT

ICH MÖCHTE DAS RICHTIGE TUN UND GOTT VERTRAUEN,
DASS ES GUT AUSGEHT.
AUCH WENN ICH UNSICHER BIN, WAS PASSIEREN WIRD,
WERDE ICH IM GLAUBEN MUTIG VORWÄRTSGEHEN
UND DARAN DENKEN, DASS GOTT AUS JEDER SACHE
ETWAS GUTES ENTSTEHEN LÄSST.

Die KRAFT VON Jesus IST IN DIR

GOTT BEWIRKT DEN WUNSCH IN EUCH,
IHM ZU GEHORCHEN, UND GIBT EUCH AUCH
DIE KRAFT, ZU TUN, WAS IHM GEFÄLLT.

Philipper 2,13; NeÜ

Stell dir mal vor, Maria wäre als menschliche Mutter für Jesus nur Gottes zweite Wahl gewesen! Könnte es vielleicht noch eine andere junge Frau gegeben haben, die der Engel Gabriel zunächst besucht hat? Könnte es sein, dass Gott die Einladung, Gottes Sohn zur Welt zu bringen, zuerst an ein Mädchen namens Hanna, Olivia oder Sophie gerichtet hat?

War Maria Gottes „Plan B"? Ich weiß es nicht. Doch falls noch eine andere Frau dasselbe Angebot wie sie bekommen – und es dann aber abgelehnt hat, kann man sie kaum dafür verurteilen.

„Was, ich?" hätte Maria zu Gabriel sagen können. „Gott will in mir drin leben?" Sie hätte tausend Gründe nennen können, warum das nicht geht. *Ich bin zu einfach. Zu klein. Zu durchschnittlich. Noch gar nicht verheiratet. Zu arm. Zu… also, einfach zu menschlich. Außerdem: Seit wann läuft Gott eigentlich durch die Gegend, um in jemanden einzuziehen und in ihm zu leben? Sehr freundlich, aber nein, danke. Ich bleib bei meinem normalen Leben!*

Die Einladung, mit dem Sohn Gottes schwanger zu werden, verlangt sehr viel Mut. Doch der Engel gab Maria eine Verheißung von Gott weiter: „Gottes Geist wird über dich kommen, seine Kraft wird das Wunder vollbringen. Deshalb wird auch das Kind, das du zur Welt bringst, heilig und Sohn Gottes genannt werden" (Lukas 1,35; GN).

Maria war bereit, die verrückteste Verheißung zu glauben. Und warum machte sie das? Ich vermute, sie hatte etwas verstanden: In ihr sollte etwas geschehen, das sie selbst nicht tun konnte. Sie war gefragt, Jesus einen Raum zu schenken – in ihr drin. Ich nenne es das „Maria-Wunder" oder auch: das „Christus in dir"-Wunder.

Gott bewirkt etwas in dir! Er hilft mit, dass du tun willst und tun kannst, was ihm gefällt.

Und Jesus lebt auch in dir! Und er bewirkt etwas in dir! Er hilft mit, dass du tun willst und tun kannst, was ihm gefällt. Darauf will die Bibel hinaus, wenn es heißt: „Gott selbst bewirkt in euch nicht nur das Wollen, sondern auch das Vollbringen, so wie es ihm gefällt" (Philipper 2,13; GN).

Stell dir vor: Gott macht dir tatsächlich das gleiche Angebot wie Maria. Nein, natürlich nicht, dass du schwanger werden sollst. Sondern er bietet dir die übernatürliche Nähe seines Sohnes in deinem Leben an – und fragt dich immer wieder, ob du dazu bereit bist, ihn in dir wohnen zu lassen. Jesus lebt in seinen Kindern! Paulus betete für die Gemeinde in Ephesus, „dass Christus durch den Glauben immer mehr in euren Herzen wohnt" (Epheser 3,17; NL). Was ist das Geheimnis des Glaubens? In einer anderen Stelle der Bibel steht die Antwort: „Ihr, die ihr zu Gott gehört, dürft dieses Geheimnis verstehen. Es lautet: Christus lebt in euch! Und damit habt ihr die feste Hoffnung, dass Gott euch Anteil an seiner Herrlichkeit gibt" (Kolosser 1,27).

Beachte das kleine Wörtchen *in*. Christus ist nicht einfach nur *neben* dir oder *für* dich oder *bei* dir – er möchte viel lieber *in* dir sein. Jesus wuchs in Maria heran, bis er geboren wurde. Und er wird auch in dir wachsen, bis er durch deine Worte, deine Taten, deine Entscheidungen „geboren" wird, das heißt, in dieser Welt sichtbar wird. In Maria war Jesus ein Baby. In dir ist er eine Kraft!

GOTTES VERSPRECHEN FÜR DICH

Wer Gottes Gebote hält, der bleibt in Gott und **Gott bleibt in ihm.**
nach 1. Johannes 3,24

Wir danken Gott immer wieder dafür, dass ihr die Botschaft, die wir euch in seinem Auftrag verkündeten, als das aufgenommen habt, was sie tatsächlich ist – das Wort Gottes und nicht eine Lehre von Menschen. Und seit ihr glaubt, **erfahrt ihr die Kraft dieses Wortes in eurem eigenen Leben.**
1.Thessalonicher 2,13; NGÜ

Wisst ihr nicht, dass ihr Gottes Tempel seid und **der Geist Gottes in euch wohnt**?
1. Korinther 3,16; LU

Ich bitte Gott, euch aus seinem unerschöpflichen Reichtum Kraft zu schenken, damit ihr **durch seinen Geist innerlich stark** werdet.
Epheser 3,16

DENK MAL

Was bedeutet es, Christus in dir zu haben (siehe Kolosser 1,27)? Welche der folgenden Aussagen stimmt NICHT?

- ◯ dass er mir Kraft schenkt, Herausforderungen zu meistern
- ◯ dass mein Körper ein wertvoller Tempel ist, in dem er persönlich wohnt
- ◯ dass er mir den Mut schenkt, seinen Willen zu tun
- ◯ dass er mir immer Glück im Leben schenkt
- ◯ dass er ein Stück seiner Herrlichkeit in mich hineingelegt hat
- ◯ dass ich immer mit ihm verbunden bin
- ◯ dass er mein Herz verändert, wenn ich es zulasse

In Philipper 2,13 steht die Zusage, dass Gott uns hilft, *zu wollen* und tatsächlich *auch zu tun*, was er gut findet. – Wie sieht das bei dir aus? Verspürst du in dir den Wunsch, Gott zu bitten: „Zeig mir, wie ich deinen Herzenswünschen folgen kann, damit Jesus immer mehr in dieser Welt sichtbar wird"?

Henri Nouwen, ein Priester und Schriftsteller, erzählte mal, dass der Vorsteher seines Klosters ihm aufgetragen hatte, täglichen nur über diesen einen Satz nachzudenken: „Du bist die Herrlichkeit Gottes!" Diesen Satz sollte er in sein Herz eindringen lassen. Halte es dir auf einem Post-it fest:

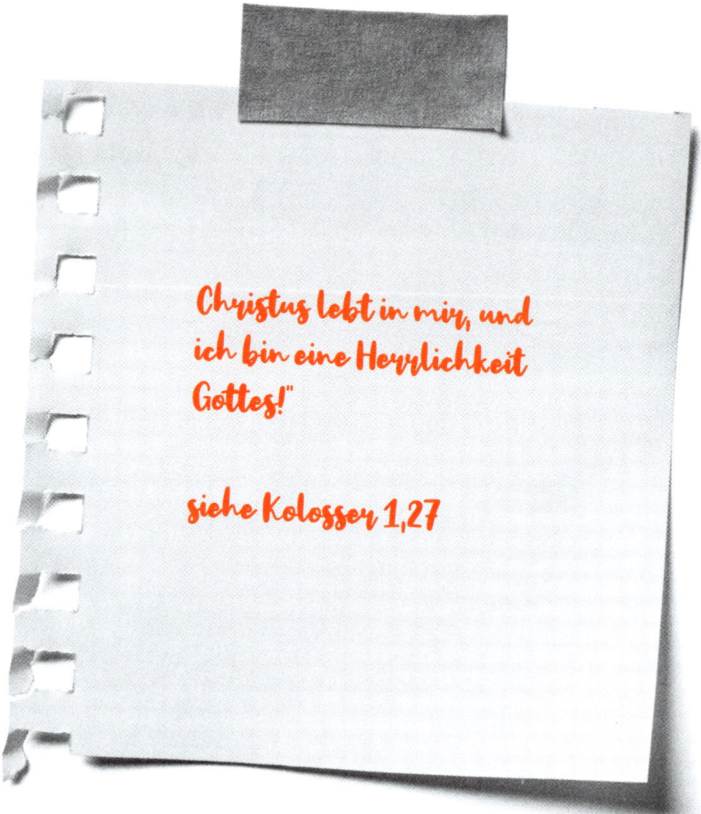

Auflösung: Die Aussage Nr. 4 ist falsch.

DAS VERSPRECHE ICH GOTT

ICH BEJAHE GOTTES GEGENWART
UND SEIN WIRKEN IN MEINEM LEBEN.
ICH WEISS, DASS ER IN MIR LEBT.
ICH MÖCHTE DURCH MEINE WORTE,
MEINE ENTSCHEIDUNGEN
UND MEIN TUN
CHRISTUS IN MEINEM UMFELD
SICHTBAR WERDEN LASSEN.

Gott IST GRÖẞER ALS JEDER Riese

DER KAMPF IST DIE SACHE DES HERRN.

1. Samuel 17,47; SL

Die Philister waren ein Volk kampfbereiter Krieger. Sie besaßen 30.000 eiserne Kampfwagen und 6.000 Reiter. Und ihr teuerster Spieler war Goliath. Dieser sieggewohnte Krieger war über drei Meter groß, seine Rüstung wog 60 Kilogramm und er lachte die Israeliten zweimal täglich aus, weil keiner sich traute, gegen ihn zu kämpfen.

„Ich fordere das ganze Heer Israels heraus! Schickt mir einen Mann, damit wir miteinander kämpfen!", sagte er. (1. Samuel 17,10; GN)

Er war ein unumstrittener Tyrann und Angstmacher. Er verspottete und quälte seine Gegner. Sein Ziel lautete: Den anderen allen Mut und alle Kraft rauben. Insgesamt 80 Mal duckten sich die Israeliten vor Goliaths Aufforderung zum Kampf.

Welcher Riese macht dir Angst? Vielleicht ein Schulfach, mit dem du überhaupt nicht klarkommst? Vielleicht wirst du in der Schule ausgelacht oder gar gemobbt? Keiner braucht dir zu sagen, dass das Leben auch ein Kampf ist. Aber vielleicht darf ich dich daran erinnern, dass der Kampf Gottes Sache ist!

Bestimmt kennst du die Geschichte von David und Goliath. Davids Leben wird in der Bibel sehr ausführlich erzählt, seine Story umfasst 36 Kapitel – nur über Jesus gibt es mehr. Und im Neuen Testament wird der Name „David" 59 Mal erwähnt!

Als David am Kampfplatz ankam, stellte er sich dem Riesen entgegen und nannte ihn – wie wir heute sagen würden – einen dreckigen, blöden Fiesling.

„Welche Belohnung soll der Mann erhalten, der diesen Philister da erschlägt und die Schande von unserem Volk abwendet? Wir können doch nicht dulden, dass dieser unbeschnittene Philister sich über das Heer des lebendigen Gottes lustig macht!" (1. Samuel 17,26).

Als die Kämpfer Israels Goliath ansahen, konzentrierten sie sich nur auf die *Bedrohung*. Als David Goliath ansah, konzentrierte er sich auf *Gott*. Aber er redete weiter mit Goliath:

Du, Goliat, trittst gegen mich an mit Schwert, Lanze und Wurfspieß. Ich aber komme mit der Hilfe des Herrn. Er ist der allmächtige Gott. Ihn hast du eben verspottet. Heute noch wird Gott dich in meine Gewalt geben, ich werde dich besiegen und dir den Kopf abschlagen. Die ganze Welt soll erfahren, dass wir Israeliten einen mächtigen Gott haben. Und alle Soldaten hier sollen sehen, dass der Herr weder Schwert noch Speer nötig hat, um uns zu retten. Er selbst führt diesen Krieg und wird euch in unsere Gewalt geben! (aus 1. Samuel 17,45–47).

Davids Mut wurde groß und größer, weil er auf Gott schaute und an seine Macht glaubte. Das Geheimnis liegt darin, sich auf den Gedanken zu konzentrieren: „Unser Gott wird für uns kämpfen!" (Nehemia 4,14).

Nimm dieses großartige, mächtige Versprechen in Anspruch! Du stehst nicht allein vor deinem Riesen – vor dem, was dir Angst macht. Du bist in deinen Kämpfen nicht allein. Das nächste Mal, wenn du den Angstmacher fauchen und prahlen hörst, sag zu dir und zu ihm: „Der Kampf ist Gottes Sache! Er steht auf meiner Seite!"

Du bist in deinen Kämpfen nicht allein.

GOTTES VERSPRECHEN FÜR DICH

Gott verspricht: **Ich werde für dich kämpfen!**
nach Nehemia 4,14

Gott hilft seinen Kindern, er erhört sie. **Er greift machtvoll ein und rettet** sie.
nach Psalm 20,7

Trotz allem Schweren, was wir erleben, werden wir **einen überwältigenden Sieg** davontragen – durch Jesus, der uns unendlich liebt.
nach Römer 8,37

Bedient euch der ganzen Waffenrüstung Gottes. Wenn es dann so weit ist, **werdet ihr dem Bösen widerstehen können** und noch aufrecht stehen, wenn ihr den Kampf gewonnen habt.
Epheser 6,13; NL

DENK MAL

Schaust du mehr auf den „Riesen“ – dein Problem oder deine Angst – oder mehr auf Gott? Was würde sich verändern, wenn du dich auf Gottes Kraft und seine Möglichkeiten konzentrieren würdest – anstatt auf die Größe deines Problems?

Als David dem Riesen Goliath gegenüberstand, zeigte er wahnsinnig großen Mut. Diesen Mut nahm er aus Gottes Kraft, nicht aus seiner eigenen Kraft. Gab es in deinem Leben schon mal eine Situation, in der du mutig warst, weil du wusstest, dass Gott dich beschützt?

Situationen, in denen ich Mut gut gebrauchen kann:

- ◯ für ein klärendes Gespräch mit XY
- ◯ um neue Leute kennenzulernen
- ◯ um zu einem Außenseiter zu stehen
- ◯ um meine Meinung zu sagen, auch wenn ich damit allein dastehe
- ◯ um etwas Neues zu wagen
- ◯ ...

DAS VERSPRECHE ICH GOTT

ICH MÖCHTE MEINE KÄMPFE
IM NAMEN DES MÄCHTIGEN GOTTES
UND AUS SEINER KRAFT KÄMPFEN.
DIE RIESEN IN MEINEM LEBEN
SOLLEN MICH WEDER ABLENKEN NOCH EINSCHÜCHTERN.
ICH RICHTE MEINE AUGEN AUF GOTT,
DENN ICH WEISS, DASS DER KAMPF SEINE SACHE IST
UND ER ALLES IN SEINER HAND HAT.

Jesus SCHENKT DIR LEBENDIGES Wasser

JESUS SAGT:
„DAS WASSER, DAS ICH IHM GEBE,
WIRD IN IHM ZU EINER QUELLE WERDEN,
DIE IMMER WEITERSPRUDELT,
BIS IN DAS UNBEGRENZTE,
EWIGE LEBEN HINEIN."

Johannes 4,14; Das Buch

In der Bibel findet man so manche unglaubliche Einladung. Sobald man etwas über Gott liest, entdeckt man überall seine Einladungen. Er lud Eva ein, Adam zu heiraten. Er lud die Tiere in die Arche ein. Er lud David ein, König zu werden, und Maria, seinen Sohn zur Welt zu bringen. Und ein paar Fischer am See Genezareth lud er dazu ein, seine Nachfolger zu werden.

Gott ist ein Gott, der einlädt. Gott ist ein Gott, der ruft. Und Gott ist ein Gott, der den Durst der Menschen löscht. Aber seine Einladung bezieht sich nicht nur auf ein Abendessen oder ein Glas Wasser. Er lädt zum vollen, prallen Leben ein!

Im Neuen Testament wird die Geschichte einer Frau erzählt, die Jesus an einem Brunnen traf. Sie war eine Samariterin, und gegen die Samariter hatten die Juden damals viele Vorurteile. Auch ihr war schon oft Rassismus und Frauenfeindlichkeit begegnet. Und sie hatte auch nicht gerade ein astreines Leben: Mit insgesamt fünf Männern war sie schon verheiratet gewesen; sie war deshalb eine Ausgestoßene. Doch als Jesus sie um einen Becher Wasser bat, um seinen Durst zu stillen, sprach er auch eine Einladung an sie aus: „Ich kann dir wahres, lebendiges Wasser geben. Dieses Wasser wird deinen Durst nach Leben endgültig stillen. Und wenn du davon trinkst, wird es in dir zu einer Quelle werden, die immer weitersprudelt, bis in das ewige Leben hinein" (nach Johannes 4,14).

Bei diesem Angebot wurde die Samariterin neugierig. Sie sagte zu ihm: „Oh, gib mir dieses Wasser! Dann habe ich keinen Durst mehr und muss auch nicht mehr hierherlaufen, um das Wasser aus dem Brunnen zu schöpfen!" Jesus sagte jetzt nicht „Ja, bitte schön!" zu ihr, sondern: „Geh, ruf deinen Mann und komm dann wieder!" (siehe Verse 15–16). Denn er kannte die Vergangenheit und die Wunden im Leben dieser Frau ganz genau.

Als die Samariterin das hörte, war sie sicher erschrocken und verwirrt. Was wusste dieser Jude alles von ihr? Warum spielte er jetzt auf eine Sache in ihrer Vergangenheit an, für die sie sich zutiefst schämte? Vielleicht hätte sie gern gelogen. Oder schnell das Thema gewechselt. Vermutlich wäre sie gern abgehauen. Wahrscheinlich befürchtete sie, dass die Freundlichkeit von Jesus wie weggeblasen wäre, sobald er die Wahrheit herausgefunden hatte. Dennoch blieb sie und sagte die Wahrheit: „Ich habe keinen Mann!" Jesus nickte und nannte daraufhin ganz ruhig beim Namen, was ihr Leben ins Chaos gestürzt hatte.

Hast du schon mal befürchtet, dass du es bei Jesus endgültig verspielt hast und du seine Liebe nicht mehr verdienst oder dir nicht mehr vergeben werden kann? Dann schau dir an, was er zu der Samariterin sagte. Jesus kritisierte sie nicht. Er war nicht wütend, machte ihr keine Vorwürfe und wertete sie auch nicht ab. Stattdessen sprach er freundlich mit ihr und bot ihr sein Lebenswasser an – er lud sie ein, von nun an anders zu leben.

Kannst du dich in die Samariterin hineinversetzen? Ich verstehe gut, warum sie den Leuten aus dem Weg ging… denn wenn wir was vermasselt haben, tun wir dasselbe, weil wir den anderen nicht mehr in die Augen gucken können. Vielleicht weißt du auch, wie es sich anfühlt, wenn man ausgegrenzt wird, oder du fragst dich, warum du keine richtigen Freunde hast. Vielleicht hast du wie diese Frau auch schon erlebt, dass du von anderen schwer enttäuscht worden bist. Und hast dich gefragt, ob sich Gott eigentlich noch für dich interessiert.

In der Geschichte von der Samariterin können wir Antworten auf unsere Fragen und Zweifel finden. Sie macht deutlich, wie weit Jesus uns entgegenkommt, um uns da abzuholen, wo wir sind. Die Story zeigt, dass Gott uns trotz unserer Vergangenheit und trotz unserer Fehler gebrauchen möchte. Und: Die Geschichte macht auch klar, dass nur er unseren Durst nach echtem Leben löschen kann. Alles andere hilft nicht – wir werden wieder Durst bekommen.

Jesus ist der Einzige, der deinen tiefsten Durst stillen kann.

Jesu Einladung für die Frau am Brunnen ist auch seine Einladung an dich. Er ist der Einzige, der deinen tiefsten Durst stillen kann. Das tut er mit echtem Leben der Marke „Water of Life"!

GOTTES VERSPRECHEN FÜR DICH

Meine Hilfe gleicht einer sprudelnden Quelle.
nach Jesaja 12,13

Mit reinem Wasser besprenge ich euch und **wasche so die Schuld von euch ab.** Allem, was euch unrein gemacht hat, bereite ich dann ein Ende.
Hesekiel 36,25

Jesus sagt von sich:
Ich selbst bin das Brot, das von Gott gekommen ist und euch das Leben gibt. **Wer von diesem Brot isst, wird ewig leben.** Dieses Brot ist mein Leib, den ich hingeben werde, damit die Menschen leben können.

Jesus sagt:
Wer an mich glaubt, wird erfahren, was die Heilige Schrift sagt: Von seinem Inneren wird **Leben spendendes Wasser ausgehen** wie ein starker Strom.
Johannes 7,38–39

DENK MAL

Wodurch hast du schon deinen „Lebensdurst" zu stillen versucht? Indem du versucht hast, vor anderen cool dazustehen, um beliebt zu sein? Indem du dich vor anderen beweisen wolltest? Indem du dachtest, du brauchst unbedingt dieses neue coole Shirt, um zufrieden zu sein?
Nur Jesus kann dir die Liebe, Anerkennung und Erfüllung schenken, nach der du dich sehnst.

Hat sich Jesus auch schon mal zu einem Zeitpunkt in deinem Leben gezeigt, wo du gar nicht damit gerechnet hast? Was ist damals passiert und wie hat die Begegnung dich verändert?

Gott führt kein Verzeichnis deiner Fehler und Versagen. Seine Liebe zu dir ist so groß wie ein Ozean – er kommt dir stets voller Mitgefühl entgegen!

DAS VERSPRECHE ICH GOTT

ICH MÖCHTE VOM LEBENDIGEN WASSER TRINKEN,
DAS JESUS MIR ANBIETET.
ICH WILL NUR BEI IHM MEINEN DURST LÖSCHEN –
UND NICHT WOANDERS DANACH SUCHEN,
MEINEN LEBENSHUNGER ZU STILLEN:
ETWA BEI ANDEREN MENSCHEN,
IN GELD, BESITZ ODER FREIZEITSPASS.
SEINE EINLADUNG NEHME ICH AN.
ALS VON GOTT ANGENOMMENES KIND
MUSS ICH NIE WIEDER DURSTIG SEIN.

IN Gottes Reich KOMMT ES AUF dich AN

JESUS SAGT:
„EUCH SOLL ES ZUERST UM GOTTES REICH
UND GOTTES GERECHTIGKEIT GEHEN,
DANN WIRD ER EUCH ALLES
ÜBRIGE DAZUGEBEN."

Matthäus 6,33; NeÜ

Ich hatte mir immer gewünscht, mal ein Kind eines Königs kennenzulernen. Dann hätte ich ihm oder ihr viele Fragen gestellt: *Hast du den König schon mal im Schlafanzug gesehen? Lässt er dich manchmal auf seinem Thron sitzen? Hast du dir schon mal heimlich seine Krone aufgesetzt?*

Wenn ich bloß eine Königsfamilie gekannt hätte ...! Da fiel mir auf, dass ich so jemand Ähnliches kannte. In meinem Heimatort gab es weder Kronen noch Schlösser, aber alles drehte sich um American Football. Jeden Freitagabend traf sich die ganze Stadt im Stadion und feuerte unsere mächtigen „Mustangs" an.

Und da der König Football regierte, nannte man den Cheftrainer *King Leach*. Wenn er „springen!" rief, wurden alle Zuschauer zu menschlichen Grashüpfern. Und mein Kumpel Jim war sein Sohn! Ich weiß noch, wie die beiden – Trainer und Sohn – gemeinsam nach dem Training heimgingen. Sie lachten, warfen einander im Gehen den Ball zu, liefen zurück zu ihrem gemeinsamen Zuhause.

Jim hatte den Trainer als Papa. Aber du und ich, wir haben so viel mehr als einen Trainer zum Vater. Mit Gott haben wir den allermächtigsten König des Universums zum Vater!

Das größte Geheimnis des Königreichs ist nicht, dass dieses Reich tatsächlich existiert oder dass es einen König hat – sondern dass der König *dein Vater* ist. Darum hat Jesus uns beigebracht zu beten: „Unser Vater im Himmel! Dein Name werde geheiligt. Dein Reich komme" (Matthäus 6,9–10; LU).

Mit Gott haben wir den allermächtigsten König des Universums zum Vater.

Dass unser Vater ein König ist, verändert alles! Angenommen, ein unerschrockener Mächtiger regiert hinter einer Festungsmauer: Dann hast du einen ganz normalen König. Mehr nicht. Doch angenommen, dieser König ist derjenige, der dir morgens dein Brot schmiert, dich abends zudeckt und die Tür abschließt: Dann hast du unendlich viel mehr als einen König. Du hast einen Grund zum Lächeln! Denn du kennst das Herz des Königs und der König kennt deinen Namen. Er hört dir zu, wenn du ihn rufst. Er pflegt dich, wenn dir etwas wehtut. Und er ist bereit, dich zu retten.

Unser König liebt uns, aber sein Reich dreht sich nicht um uns. Ja, wir könnten locker glauben, dass es so wäre … immerhin sind wir doch Königskinder! Der Sinn seines Reiches ist doch, uns glücklich zu machen und uns zu erfüllen, oder?

Nein, bei seinem Reich geht es um ihn, um Gott! Wir haben natürlich eine Unmenge an Vorteilen, weil wir zu seinem Reich gehören, gar keinen Zweifel. Trotzdem sind wir nicht die Helden der Geschichte. Der Held ist Gott. Er lädt uns ein, an seinem Reich teilzuhaben. Aber unter einer Bedingung: Das Reich hat nur *einen* König. Du und ich dürfen gerne den Thronsaal betreten, aber wir müssen unsere Krone vor der Tür ablegen.

In unserer Gesellschaft macht uns der Gedanke an Könige und Alleinherrscher nervös. Sympathischer ist uns eine Demokratie, wo jeder gleiches Stimmrecht hat. Dennoch schreibt die Bibel klipp und klar, dass Gott ein König ist – und nicht ein Bundespräsident. Die ganze Schöpfung, Mensch und Natur, ist auf ihn ausgerichtet.

Die Propheten des Alten Testaments erwarteten vor Tausenden Jahren die Ankunft eines gesalbten Königs, eines Messias. Der sollte ganz besonders mit Gott verbunden sein und als Instrument seiner Herrschaft dienen. „Seht, euer König kommt zu euch! Er ist gerecht und bringt euch Rettung. Und doch kommt er nicht stolz daher, sondern reitet auf einem Esel." (Sacharja 9,9). Gemeint ist Jesus. Und bei seiner Ankunft sagten gottesfürchtige Juden: „Jetzt ist die Zeit gekommen, Gottes Reich ist nahe“ (Markus 1,15).

Gott und Jesus Christus sind eins. Und in Gottes Reich geht es darum, dass Herzen verändert werden – und sein Reich unsere Welt immer mehr durchdringt. Und du spielst darin eine Schlüsselrolle! Weil du zum König gehörst und er dein Vater ist.

GOTTES VERSPRECHEN FÜR DICH

Mein Reich besteht ewig. Meine Herrschaft hört niemals auf.
nach Daniel 4,34

Jesus sagt: „Gottes Reich kann man nicht sehen wie ein irdisches Reich.
Niemand wird sagen können: ‚Hier ist es!' oder ‚Dort ist es!'. **Denn Gottes Reich ist schon jetzt da – mitten unter euch.**"
Lukas 17,20-21; Hfa

Setzt euch zuerst für Gottes Reich ein und dafür, dass sein Wille geschieht. **Dann wird er euch mit allem anderen versorgen.**
Matthäus 6,33; Hfa

Der Herr ist unser Meister, **der Herr ist unser König; der hilft uns!**
Jesaja 33,22; LU

DENK MAL

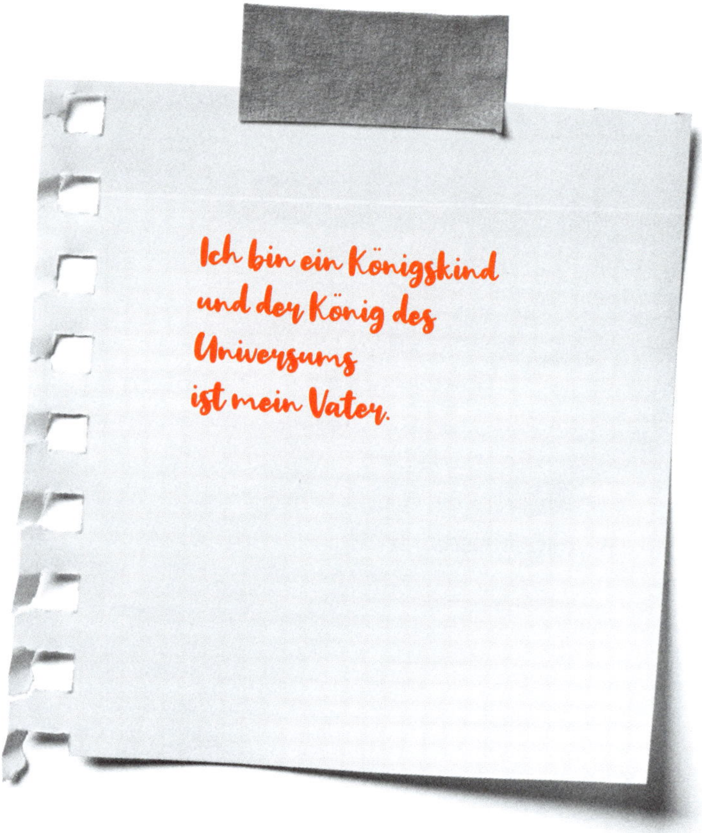

Schreib dir den Spruch auf ein Post-it, an den Spiegel oder auf ein Lesezeichen für deinen Terminplaner!

Gott braucht dich in seinem Reich! Als Königssohn oder Königstochter ist es deine Berufung, Gottes Reich in der Welt zu verbreiten – durch Gebet und Taten. Was davon liegt dir besonders auf dem Herzen?

- für meine Familie und meine Freunde beten
- für Menschen in Not beten
- in der Gemeinde mitarbeiten
- mich ehrenamtlich engagieren
- andere mit kleinen Ermutigungen beschenken
- mich für Menschen in Not praktisch engagieren
- für Menschen in Not und/oder für die Mission Geld spenden
- ...

Du bist ein Kind des höchsten Königs – und weil du zu seiner Familie gehörst, wirst du an seiner Seite einmal mit ihm zusammen regieren (siehe Offenbarung 20,6 und Matthäus 16,19). Krass, oder?

DAS VERSPRECHE ICH GOTT

ICH BIN BÜRGER IN GOTTES REICH.
GOTT IST MEIN KÖNIG UND AUCH MEIN VATER.
ICH MÖCHTE MITHELFEN,
DASS ANDERE SEIN REICH KENNENLERNEN.
ICH BETE IHN VON GANZEM HERZEN,
MIT ALLER KRAFT
UND MIT MEINEM VERSTAND AN.

Jesus BRINGT Ruhe IN DEINE STÜRME

JESUS [...] HAT SEINEN PLATZ AN GOTTES RECHTER SEITE EINGENOMMEN. DORT TRITT ER JETZT VOR GOTT FÜR UNS EIN.

Römer 8,34

Stürme gibt es nicht nur als Wetterphänomen. Manche Stürme kommen aus dem Nichts, wüten durch unser Leben und hinterlassen großes Chaos. Ein Freund lässt dich im Stich. Deine Noten gehen den Bach runter. Deine Ängste nehmen zu. Diese Stürme treffen dich unerwartet und heftig.

Vielleicht denkst du: *Wenn ich zu Gott gehöre, müsste ich doch eigentlich von schlimmen Nachrichten, Pechsträhnen und* Ängsten verschont bleiben. Wenn wir Jesus nachfolgen, sollte das Leben doch eigentlich „sturm-frei" sein, oder? Die Wahrheit lautet jedoch: Stürme gehören zum Leben dazu. Jesus hat uns versichert: „In der Welt werdet ihr hart bedrängt" (Johannes 16,33).

In Matthäus, Kapitel 14 wird erzählt, dass sich die Jünger von Jesus auf einem sturmgepeitschten See befanden, weil er sie dorthin geschickt hatte. „Gleich darauf drängte Jesus seine Jünger, in ihr Boot zu steigen und an das andere Ufer des Sees vorauszufahren", heißt es in Vers 22. Die Jünger legten also mit dem Boot ab, so, wie Jesus es gesagt hatte – und somit ruderten sie geradewegs ins Chaos hinein.

Als sie „etwa fünf Kilometer weit gerudert" waren (Johannes 6,19), brach der Sturm aus. Es wurde tiefschwarz und schon bald befand sich ihr Boot auf dem See Genezareth auf einer wilden Achterbahnfahrt durch das tobende Wasser.

Schau dir die vom Seesturm gepeitschten Gesichter der Männer an. Was siehst du? Bestimmt große Angst. Entsetzen. Und Zweifel. Vielleicht schreit jemand von ihnen laut: „Weiß irgendjemand, wo Jesus ist?"

Diese Frage steht nicht im biblischen Text drin, aber bestimmt stellten die Jünger sie. Wenn ein furchtbarer Sturm über treue Jesusnachfolger hinwegfegt, wo steckt dann bloß Jesus?

Die Antwort ist klar und überrascht dich vielleicht: Er betet.

Jesus „ging auf einen Berg, um ungestört beten zu können"

(Matthäus 14,23). Nachdem er sich den ganzen Tag um Menschen gekümmert hatte, betete er die ganze Nacht für seine Jünger. Er spürte den mächtigen Wind und das aufgepeitschte Wasser selbst hautnah. Auch er war im Sturm. Und er betete.

Denk mal nach ... Genau jetzt, in diesem Moment, ist Jesus mitten in deinem Sturm und betet für dich! Der König des Universums setzt sich für dich ein. Er ruft den himmlischen Vater an. Er bittet den Heiligen Geist um Hilfe. Er bittet um einen besonderen Segen für dich. Du kämpfst nicht allein gegen Wind und Wellen. Du bist nicht allein dafür zuständig, eine Lösung zu finden.

„Wo ist Jesus?", haben die Jünger vielleicht gefragt.

Wo ist Jesus?, fragst vielleicht auch du mitten in deinem Sturm.

Er ist in Gottes Nähe und betet für uns.

Genau jetzt, in diesem Moment, ist Jesus mitten in deinem Sturm und betet für dich.

Das Ergebnis dieses Versprechens heißt: unerschütterliche Hoffnung. Du würdest sicher gern in die Zukunft blicken, den vor dir liegenden Weg sehen. Aber das kannst du nicht. Du hättest bestimmt gern eine Antwort auf jede Frage, doch stattdessen sagt Jesus einfach: „Ich bete für dich, bis du den Sturm überstanden hast!"

Werden Jesu Gebete für dich erhört? Natürlich! Wirst du es schaffen, den Sturm zu überstehen? Ich glaube, du weißt die Antwort ...

GOTTES VERSPRECHEN FÜR DICH

Liebt den Herrn, alle, die ihr zu ihm gehört! **Wer treu zu ihm hält, steht unter seinem Schutz.**
Psalm 31,24

Und weil Jesus Christus ewig lebt und **für uns bei Gott eintritt,** wird er auch alle endgültig retten, die durch ihn zu Gott kommen.
Hebräer 7,25

Jesus spricht: „Dies alles habe ich euch gesagt, damit ihr **in meinem Frieden geborgen seid.** In der Welt wird man euch hart zusetzen, aber **verliert nicht den Mut: Ich habe die Welt besiegt!“**
Johannes 16,33; GN

DENK MAL

Findest du es unfair, dass Christen schwere Zeiten erleben müssen? Verändert es deine Sichtweise, wenn du weißt, dass auch Jesus Stürme durchstehen musste?

Welchen Sturm (welche schwere Situation) erlebst du gerade? Wovor hast du dabei am meisten Angst?

Was meinst du, wo sich Jesus in dieser Situation befindet? Glaubst du, er ist mit anderen Dingen beschäftigt oder hilft er dir aktiv, die Situation durchzustehen?

> Sie wankten wie Betrunkene, mit ihrer Weisheit waren sie am Ende. In auswegloser Lage schrien sie zum Herrn, und er rettete sie aus ihrer Not. Er bannte die Gefahr: Der Sturm legte sich, und die Wellen wurden ruhig. Da jubelten sie, dass endlich Stille herrschte! Gott brachte sie in den sicheren Hafen, an das ersehnte Ziel.
>
> aus Psalm 107,23–30

DAS VERSPRECHE ICH GOTT

ICH WEISS, DASS ICH AUCH SCHWERE ZEITEN ERLEBEN WERDE. MITTEN IN DIESEN STÜRMEN
WERDE ICH NICHT DIE HOFFNUNG VERLIEREN,
DENN ICH WEISS, DASS JESUS FÜR MICH BETET.
ICH WEISS, DASS ER BEI MIR IST UND MICH BEGLEITET –
EGAL, WELCHE SITUATIONEN ICH DURCHMACHE.

Gott SCHREIBT AUF KRUMMEN Linien GERADE

GOTT SPRICHT:
WAS ICH ANGEFANGEN HABE,
DAS FÜHRE ICH AUCH ZU EINEM GUTEN ENDE!

nach Psalm 138,8

Die Bibel ist voller Geschichten über Leute, die verkehrte Entscheidungen trafen und vom Kurs abkamen. Der junge Mann im Gleichnis vom verlorenen Sohn verschleuderte sein ganzes Erbe. Als er komplett pleite war, musste er Schweine füttern, um zu überleben. Der Stundenlohn, den er dafür bekam, stank ihm bestimmt genauso wie die Schweine stanken. Der Prophet Jona aus dem Alten Testament hatte keine Lust, lauter fremden Leuten zu helfen, die er nicht mochte. Darum machte er sich aus dem Staub – und Gott organisierte ihm eine dreitägige Auszeit im Bauch eines Wals. Auch Saulus reiht sich in den Club der „Antihelden der Bibel" ein. Er war ein brutaler Christenhasser – bis er eines Tages von einem grellen Licht geblendet wurde und erblindete.

Auch wir treffen im Leben falsche Entscheidungen und erleben Rückschläge.

Ich war gerade aus dem falschen Flugzeug gestiegen, das mich in die falsche Stadt zum falschen Flughafen gebracht hatte. Ich war nach Südosten geflogen statt nach Nordwesten – und war in Houston gelandet statt in Denver. Und zwischen den beiden Städten liegen mehr als 1.400 Kilometer!

Das Flugzeug, mit dem ich unterwegs war, sah nicht aus wie ein falsches Flugzeug. Aber es war das falsche. Ich lief durch das falsche Gate, schlief im falschen Flugzeug ein und landete am falschen Ort.

Der Apostel Paulus schreibt, dass wir alle hin und wieder im falschen Flugzeug sitzen. Natürlich hat er es nicht so formuliert. Aber er meint, dass wir im Leben schnell in die Gefahr geraten, auf der falschen Spur unterwegs zu sein. Er schrieb der Gemeinde in Rom: „Es gibt keinen, auch nicht einen Einzigen, der ohne Schuld ist" (Römer 3,10). Und dabei dachte er ganz bestimmt auch an sein früheres Leben als Christenverfolger …

Aber Gott kann am Ende was Gutes aus unseren Fehlentscheidungen machen! Wenn wir wieder an ihn denken, bringt er uns zurück auf den richtigen Weg. In seinem Plan steht, dass die Zukunft immer heller leuchtet als das Vergangene. Die Bibel formuliert es so: „Der neue Tempel wird einmal viel herrlicher sein als der alte. Und an diesem Ort schenke ich Frieden und Heil. Das verspreche ich euch!" (nach Haggai 2,9).

Bei Gott wird das Zukünftige immer heller strahlen als das Vergangene.

Sowohl der verlorene Sohn als auch Jona und Saulus waren nach ihrer Fehlentscheidung erst mal an einem persönlichen Tiefpunkt angelangt: der Sohn im dreckigen Schweinestall, Jona im finsteren Walfischbauch – und Saulus verlor komplett sein Augenlicht. Doch Gott benutzte diese Tiefpunkte, um jeden von ihnen auf eine Kehrwende vorzubereiten. Einen Richtungswechsel um 180 Grad, einen Einstellungswechsel, einen Herzenswandel. Er sagte ihnen: „Gesteh deine Fehlentscheidung ein. Kehr um. Richte dich neu aus."

Was dann passierte? Die Bibel berichtet davon.

Jona schrie zu Gott und erkannte, dass es falsch war, abzuhauen. „Da befahl Gott dem Fisch, ans Ufer zu schwimmen und Jona wieder auszuspucken." (Jona 2,11; NeÜ). Und danach erteilte Gott ihm erneut den Auftrag, den Menschen in der Stadt Ninive von ihm zu erzählen – und Jona gehorchte.

Der verlorene Sohn beschloss mitten in seiner Not, zu seinem Vater zurückzukehren, denn dort würde er es als Tagelöhner besser haben als ein Schweinehüter im fernen Ausland. Und der Vater erkannte die Reue seines Jüngsten, schloss ihn wieder in seine Arme und ließ ein großartiges Fest für ihn ausrichten.

Und Saulus? Der begegnete in seiner dreitägigen Blindheit einem Christen, der für ihn betete – und Saulus erkannte Jesus, ließ sich taufen und nannte sich als Zeichen seiner Umkehr später in „Paulus“ um.

Gott kann unsere Fehlentscheidungen zu etwas Gutem führen, wenn wir bereit sind, unseren Kurs zu ändern. Er hält, was er verspricht. Was er zu dir sagt, wird sich genauso erfüllen. Sei bereit, dich von Gott korrigieren zu lassen. Mach seine Herzenswünsche zu deiner Aufgabe. Und dann erlebe, wie Gott aus deiner Situation etwas Neues entstehen lässt.

Es ist nie zu spät, noch mal neu anzufangen. Denn: Gott kann dich auch auf krummen Linien zum Ziel führen!

GOTTES VERSPRECHEN FÜR DICH

Denn ich allein weiß, was ich mit euch vorhabe: Ich, der Herr, **habe Frieden für euch im Sinn** und will euch aus dem Leid befreien. Ich gebe euch wieder Zukunft und Hoffnung. Mein Wort gilt!
Jeremia 29,11

Lasst euch von mir korrigieren und wendet euch von ganzem Herzen mir zu! Kehrt um, damit ich **eure Schuld ausradiere**!
nach Jeremia 4,3 und Apostelgeschichte 3,19

Ich, der Herr, bin auch in Zukunft für dich da, meine Gnade hört niemals auf! Was ich angefangen habe, das **führe ich auch zu einem guten Ende!**
nach Psalm 138,8

DENK MAL

Gott verspricht, einmal alles neu zu machen (Offenbarung 21,5). Was an deinem Leben würdest du gern von ihm erneuert bekommen?

Eine der größten Eigenschaften Gottes ist, dass er sich selbst im größten Chaos verherrlichen kann. Auch wenn du Dinge falsch machst oder falsche Entscheidungen getroffen hast – du kannst sicher sein, dass Gott alles unter Kontrolle hat. Jesus liebt dich. Trotz deiner Fehler will er dich gebrauchen – so, wie er auch Jona oder Paulus gebraucht hat.

Wenn du Gottes Herzenswünsche zu deinem eigenen Anliegen machst, wird deine Zukunft hell strahlen! Zu welcher Aktion könnte Gott dich diese Woche einladen? Hier ein paar Ideen:

- jemandem helfen
- gut und nachsichtig mit dir selbst umgehen
- jemanden um Vergebung bitten
- Zeit mit Gott verbringen
- einem Menschen, den du nicht besonders leiden kannst, freundlich begegnen
- jemandem ein ehrliches Kompliment machen
- ...

DAS VERSPRECHE ICH GOTT

ICH WILL MICH VON GOTT
IMMER WIEDER KORRIGIEREN LASSEN.
UND ICH MÖCHTE SEINE HERZENSWÜNSCHE
ZU MEINEM PROJEKT MACHEN.
ICH ARBEITE MIT GOTT AN EINER WUNDERBAREN ZUKUNFT,
DIE HELLER STRAHLT ALS DIE VERGANGENHEIT.

Der TOD IST nicht DAS ENDE

VERSCHLUNGEN IST DER TOD
VOM SIEG.

1. Korinther 15,54; EÜ

Was wäre, wenn in deinem Leben die besten Zeiten schon vorbei wären? Bestimmt hast du einige schöne Zeiten erlebt. Aber was wäre, wenn du nie mehr einen schöneren Tag erleben würdest als die, die du bisher gehabt hast? Was wäre, wenn du die schönsten Momente schon erlebt hättest? Wenn morgen schlechter wird als heute, und heute bereits schlechter ist als gestern?

Du würdest bestimmt rasch die Hoffnung verlieren. Aber als Christ hast du die Verheißung auf ein besseres Morgen. Mehr noch: Du hast die Verheißung für eine Ewigkeit bei Gott, die deine schönsten Erlebnisse auf der Erde weit übertreffen wird.

Du hast die Verheißung für eine Ewigkeit bei Gott, die deine schönsten Erlebnisse auf der Erde weit übertreffen wird.

„Ich mache alles neu!", kündigt Gott im letzten Buch der Bibel an (Offenbarung 21,5). Die Hoffnung der Christen beruht einzig und allein auf dem Glauben an die Auferstehung – daran, dass Jesus einen körperlichen Tod starb, aus einem echten Grab herauskam und in den Himmel aufstieg. Von dort aus regiert er jetzt, auch in diesem Augenblick. Seine Auferstehung hat alles verändert!

Es war Sonntagmorgen. Am Freitag zuvor war Jesus gekreuzigt worden. Der Himmel war dunkel. Die Jünger waren in alle Richtungen verstreut. Der römische Henker machte sich vielleicht gerade Gedanken über sein Frühstück oder seinen nächsten Urlaub. Aber er dachte sicher nicht über den Mann nach, den er an ein Kreuz genagelt und in dessen Seite er mit einem Speer gestochen hatte. Jesus war tot, begraben. Aus, Ende, vorbei. Oder?

Falsch!

Plötzlich fing die Erde an zu beben. Ein Engel des Herrn war vom Himmel herabgekommen, hatte den Stein vor dem Grab beiseitegewälzt und sich daraufgesetzt. Er leuchtete hell wie ein Blitz, und sein Gewand war weiß wie Schnee. Die Wachposten stürzten vor Schreck zu Boden und blieben wie tot liegen.

Der Engel wandte sich an die Frauen: „Fürchtet euch nicht! Ich weiß, dass ihr Jesus, den Gekreuzigten, sucht. Er ist nicht mehr hier. Er ist auferstanden, wie er es vorhergesagt hat! Kommt her und seht euch die Stelle an, wo er gelegen hat" (Matthäus 28,2–6).

Jesus war vom Tod auferweckt worden! Seine Auferstehung ist das Versprechen, dass auch wir einmal auferstehen werden. Was Gott für Jesus getan hat, wird er auch für uns tun. Wenn wir jung sind, haben wir das Gefühl, dass alle über 29 uralt sind (mein Alter verrate ich jetzt nicht)! Aber eines Tages wird jeder von uns seinen letzten Atemzug auf der Erde tun, auch alle, die wir lieb haben. Und jedes Mal gilt: „Verschlungen ist der Tod vom Sieg" (1. Korinther 15,54; EÜ).

Keine Frage, der Tod bringt viel Trauer – aber er soll keine Hoffnungslosigkeit bringen. Das Grab konnte Christus nicht festhalten. Und weil Jesus Christus in dir lebt, wirst auch du nicht lange im Grab bleiben. „Wir aber erwarten den neuen Himmel und die neue Erde, die er versprochen hat" (2. Petrus 3,13; NL).

Ich rate dir eindringlich, dein Herz an diese Hoffnung zu hängen! „Auf uns wartet ein unerschütterliches Reich" (Hebräer 12,28; NGÜ), deshalb haben wir auch eine unerschütterliche Hoffnung. Richte deine Augen darauf und mach dein Herz daran fest.

Denn das Leben wird noch besser! Mit Gott wird deine himmlische Zukunft garantiert besser als deine komplette Vergangenheit. Das ist Gottes Versprechen!

GOTTES VERSPRECHEN FÜR DICH

Ich bin die Auferstehung, und ich bin das Leben. **Wer an mich glaubt, der wird leben, selbst wenn er stirbt.**
Johannes 11,25

Wenn aber dieser vergängliche Körper unvergänglich und unsterblich geworden ist, dann erfüllt sich, was die Heilige Schrift vorausgesagt hat: **„Das Leben hat den Tod überwunden!"**
1. Korinther 15,54

Du hast eine Heimat im Himmel. Dort erwartet dich Jesus Christus, dein Retter. Dann wird er deinen sterblichen Leib verwandeln in einen herrlichen, unvergänglichen Körper – so, wie auch er selbst nach seiner Auferstehung einen unvergänglichen Körper bekommen hat.
nach Philipper 3,20–21

DENK MAL

Ist jemand, der dir sehr nahesteht, gestorben? Welche Gefühle und Gedanken haben dich bei und nach seinem Tod beschäftigt?

Die Bibel sagt: „Ja, wir werden in alle Ewigkeit leben" (Römer 6,9). Und: Wir haben eine Heimat im Himmel. Ich bete, dass du daraus Hoffnung schöpfen kannst, wenn du ein Familienmitglied oder einen Freund verloren hast.

Das Beste kommt noch! Wie könnte sich dein Blick auf den heutigen Tag verändern, wenn du dran denkst, dass die besten Zeiten noch kommen?

DAS VERSPRECHE ICH GOTT

ICH HABE KEINE ANGST VOR MORGEN.
DIE AUFERSTEHUNG JESU BEDEUTET,
DASS DER TOD NICHT DAS ENDE MEINER GESCHICHTE IST.
ICH LEBE IN DEM WISSEN,
DASS HEUTE DER ANFANG
EINER UNFASSBAREN ZUKUNFT IST,
SOWOHL HIER AUF ERDEN
ALS AUCH SPÄTER IN EWIGKEIT.

Gott LICHTET DEN NEBEL DER Traurigkeit

AM ABEND MÖGEN TRÄNEN FLIESSEN – AM MORGEN JUBELN WIR VOR FREUDE.

Psalm 30,6;GN

Gott ist genau der, der er zu sein behauptet. Darum schenkt er den Traurigen und Verletzten Hoffnung. Bei schlechter Laune wegen eines Streits mit deiner Schwester oder nach einer Reifenpanne helfen dir vielleicht ein paar aufmunternde Worte. Aber was ist bei der Scheidung deiner Eltern oder einem folgenschweren Unfall? Hat Gott auch ein Wort für die dunklen Nächte unseres Lebens?

Ja, das hat er. Sein Versprechen beginnt mit diesem Vers: „Am Abend mögen Tränen fließen – am Morgen jubeln wir vor Freude" (Psalm 30,6; GN). Die Traurigkeit wird nicht alles bestimmen. Die Depression wird nicht für immer bleiben. Zwar mögen die dunklen Wolken die Sonne verdecken, aber sie können nicht verhindern, dass sie bald wieder scheinen wird. Der Morgen kommt. Nicht so schnell, wie wir es uns wünschen würden, aber er *kommt* und mit ihm die Freude!

Brauchst du dieses Versprechen? Hast du schon so viel geweint, dass deine Tränen einen Fluss füllen könnten? Hast du die Hoffnung verloren? Fragst du dich, ob es nach dieser Nacht jemals ein Morgen geben wird? Maria Magdalena, eine Freundin von Jesus, hat sich genau diese Frage gestellt.

Die Traurigkeit wird nicht alles bestimmen. Die Depression wird nicht für immer bleiben.

Nachdem Jesus gekreuzigt und ins Grab gelegt worden war, verstand Maria Magdalena sein Versprechen nicht, das er seinen Nachfolgern gegeben hatte. Sie kam, um nach einem toten Jesus zu suchen, nicht nach einem lebenden. Da sah sie, dass der Grabstein zur Seite gerollt worden war und die Leiche fehlte. Sie war offensichtlich absolut am Boden zerstört. Ihr Freund war ermordet worden und nun war auch noch sein Körper verschwunden.

Hast du schon mal einen ähnlichen Moment erlebt? Dass aus einer schlechten Nachricht eine extrem schlechte Nachricht wurde? Dass die Traurigkeit dich wie dichter Nebel eingehüllt hat? Dass du nach Gott gesucht hast, ihn aber nicht finden konntest?

Wenn ja, wird es dir gefallen, was als Nächstes passierte. Mitten in Marias dunkelstem Moment kam Jesus.

Als sie sich umblickte, sah sie Jesus dastehen. Aber sie erkannte ihn nicht.

Er fragte sie: „Warum weinst du? Wen suchst du?" Maria hielt Jesus für den Gärtner und fragte deshalb: „Hast du ihn weggenommen? Dann sag mir doch bitte, wohin du ihn gebracht hast. Ich will ihn holen" (Johannes 20,14–15).

Maria Magdalena erkannte ihren Herrn nicht. Darum half Jesus ihr auf die Sprünge. Er sprach sie mit Namen an. „Maria!"

Maria Magdalena hatte nach Jesus gesucht, aber Jesus war es, der sie gefunden hat. Mit einem Wimpernschlag wurde für sie aus einem toten Jesus ein lebendiger Jesus. „Am Abend mögen Tränen fließen – am Morgen jubeln wir vor Freude" (Psalm 30,6; GN).

Es werden Zeiten kommen, in denen du am liebsten aufgeben würdest. Tu das bitte nicht! Sondern schlag deine Bibel auf. Bete zu Gott. Hör Lobpreismusik. Rede mit zuverlässigen Freunden oder Familienmitgliedern. Gehe an Orte, wo Jesus dich finden kann.

Die Tränen werden kommen. Aber genauso wird die Freude kommen! Die Dunkelheit kommt, aber genauso der Morgen. Die Traurigkeit kommt, aber die Hoffnung kommt ebenfalls. Die Trauer mag die Nacht bestimmen, aber sie kriegt nicht dein ganzes Leben.

GOTTES VERSPRECHEN FÜR DICH

Selig sind, die da Leid tragen; denn **sie sollen getröstet werden.**
Matthäus 5,4

Seid nicht bekümmert; denn **die Freude am Herrn ist eure Stärke.**
Nehemia 8,10; LU

Auch wenn es durch dunkle Täler geht, fürchte ich kein Unglück, denn **du, Herr, bist bei mir. Dein Hirtenstab gibt mir Schutz und Trost.**
Psalm 23,4

Der Herr richtet auf, die niedergeschlagen sind.
Psalm 146,8

DENK MAL

Mitten in Maria Magdalenas dunkelster Stunde erschien Jesus. Gab es auch in deinem Leben schon mal eine tiefschwarze Zeit, wo Jesus Licht in dein Dunkel gebracht hat?

In welchen Lebensbereichen könntest du momentan mehr Freude gebrauchen?

- dein Körper/deine Seele/deine Gedanken
- Schule
- Familie
- Freunde/Partnerschaft
- Zukunft
- ...

Schreib einen Brief an Gott. Bitte ihn, deine Hoffnung neu zu stärken.

Wenn du am liebsten aufgeben würdest oder Gott sehr weit weg scheint, dann gibt es viele Möglichkeiten, deine Hoffnung zu stärken. Kreuze an, was davon dir am meisten hilft.

- in der Bibel lesen
- beten
- andere bitten, für mich zu beten
- in den Gottesdienst/in deine Kleingruppe gehen
- (Lobpreis)Musik machen/singen

- mit Freunden oder Familienmitgliedern, denen ich vertraue, sprechen
- …

DAS VERSPRECHE ICH GOTT

ICH WERDE ZU GOTT KOMMEN,
AUCH WENN ICH TRAURIG BIN.
ICH WERDE DARAN DENKEN,
DASS GOTTES LIEBE ZU MIR UNENDLICH
UND BEDINGUNGSLOS IST.
DIE TRAURIGEN ZEITEN
WERDEN NICHT FÜR IMMER BLEIBEN.
ICH VERTRAUE IHM,
DASS ER DIE FREUDE
IN MEINEM HERZEN NEU MACHT.

Der HEILIGE GEIST MACHT DICH stark

IHR WERDET KRAFT EMPFANGEN,
WENN DER HEILIGE GEIST AUF EUCH
HERABKOMMEN WIRD.

Apostelgeschichte 1,8; EÜ

Ich mache dir ein supertolles Kaufangebot: ein Dreirad! Perfekt für deinen kleinen Bruder, deine kleine Schwester oder das Nachbarskind. Stell dir vor, welchen Spaß sie haben, wenn sie auf dem Dreirad die Spielstraße entlangrasen! Es ist feuerwehrrot. Lustige Bommeln baumeln an den Griffen. Und es hat eine kleine Klingel an der Lenkstange. Ich verkaufe es dir für ein Drittel des Originalpreises. Nur eine Kleinigkeit muss ich dir noch sagen: Ein Rad fehlt. Aber das Dreirad hat ja noch die beiden anderen Räder! Und Kinder müssen ja sowieso irgendwann lernen, auf einem Zweirad zu fahren, stimmt's?

Jetzt schüttle doch nicht gleich den Kopf! Denk erst mal drüber nach. Ein Drittel des Preises für ein Dreirad, bei dem nur *ein* Rad fehlt. Erkennst du nicht den Wert des guten Stücks?

Natürlich nicht, und das ist auch gut so ... Wer will schon zwei Drittel haben, wenn er auch das Ganze bekommen kann?

Trotzdem begnügen sich viele Christen mit einem Zweidrittel-Gott. Sie verlassen sich auf Gott-Vater und auf seinen Sohn Jesus, vergessen aber den Heiligen Geist. Bei einem Dreirad würde niemand den Fehler machen, auf ein Drittel zu verzichten! Und du solltest diesen Fehler auf keinen Fall machen, wenn es um die Dreieinigkeit Gottes geht! Denn Gott besteht nun mal aus drei Personen, die auf geheimnisvolle Weise trotzdem ein Ganzes sind.

> **Viele Christen begnügen sich mit einem Zwei-Drittel-Gott. Sie verlassen sich auf Gott-Vater und auf seinen Sohn Jesus, vergessen aber den Heiligen Geist.**

In der Bibel wird der Heilige Geist über hundert Mal erwähnt. Am Vorabend seines Todes gab Jesus eine große Verheißung weiter, denn er wollte seine Nachfolger darauf vorbereiten, dass er nicht mehr lange bei ihnen sein werde: „Ihr werdet Kraft empfangen, wenn der Heilige Geist auf euch herabkommen wird“ (Apostelgeschichte 1,8; EÜ).

Nachdem Jesus dann in den Himmel aufgefahren war, wurde der Heilige Geist zum Hauptvertreter der Dreieinigkeit Gottes hier auf der Erde. Er wird vollenden, was von Gott-Vater und Jesus bereits begonnen wurde.

Der Heilige Geist kommt in einen Menschen hinein, sobald dieser seinen Glauben an Gott bekennt (siehe Epheser 1,13). Von diesem Moment an hat er als Christ Zugang zu Gott und zu Gottes Kraft. Dadurch, dass der Heilige Geist im Leben eines Christen wirkt, geschieht eine Veränderung: Er fängt an, so zu denken, wie Gott denkt, so zu lieben, wie Gott liebt, und so zu sehen, wie Gott sieht.

Und der Heilige Geist lässt dann auch seine Früchte in uns wachsen. „Doch die Frucht, die der Geist wachsen lässt, ist: Liebe, Freude, Frieden, Geduld, Freundlichkeit, Güte, Treue, Sanftmut und Selbstbeherrschung“ (Galater 5,22; NeÜ). Der Heilige Geist führt uns, tröstet uns, weist uns auf unsere Fehler hin und macht uns mutig und stark.

Im Leben der Christen war der Heilige Geist schon immer zentral. Alles, was von der Apostelgeschichte bis zum Buch der Offenbarung in der Bibel berichtet wird, geschah durch das Wirken des Heiligen Geistes. Der Geist Gottes leitete die Apostel und gab den ersten Gemeinden den Schub, den sie brauchten, um alle Schwierigkeiten zu überwinden.

Dasselbe wird der Heilige Geist auch für dich tun.

Mach es dir zum Ziel, offen zu werden für Gottes Geist. Nutze alles, was Gott dir anbietet! Binde dein Herz an dieses Versprechen: „Ihr werdet Kraft empfangen, wenn der Heilige Geist auf euch herabkommen wird“ (Apostelgeschichte 1,8; EÜ).

GOTTES VERSPRECHEN FÜR DICH

Durch eure Verbindung mit Christus gelten diese Zusagen auch für euch ... Nachdem ihr diese Botschaft im Glauben angenommen habt, gehört ihr nun Gott. **Er hat euch sein Siegel aufgedrückt, als er euch den Heiligen Geist schenkte,** den er jedem Glaubenden zugesagt hat.
Epheser 1,13

Die Frucht, die der Geist wachsen lässt, ist: Liebe, Freude, Frieden, Geduld, Freundlichkeit, Güte, Treue, Sanftmut und Selbstbeherrschung.
Galater 5,22–23; NeÜ

Der Heilige Geist hilft uns in unserer Schwäche. Denn wir wissen ja nicht einmal, worum oder wie wir beten sollen. Doch **der Heilige Geist betet für uns** mit einem Seufzen, das sich nicht in Worte fassen lässt.
Römer 8,26; NL

Jesus sagt: „Aber **der Tröster, der Heilige Geist** (...) wird euch alles lehren und euch an alles erinnern, was ich euch gesagt habe."
Johannes 14,26

DENK MAL

Der Heilige Geist …

- schenkt dir Kraft und Mut
- macht dir Gottes Gedanken verständlich
- führt dich
- weist dich auf Fehler hin
- lässt seine Frucht in dir wachsen (Freundlichkeit, Liebe, Geduld, Frieden usw.)
- schafft Einheit unter Christen
- und vieles mehr (tröstet, verändert, tritt bei Gott für dich ein …)

Kannst du mit diesem Wissen Bereiche in deinem Leben erkennen, wo der Heilige Geist schon in dir wirkt?

Begnüge dich nicht mit einem Zwei-Drittel-Gott! Überleg mal, wie der Heilige Geist dir im Laufe des Tages helfen kann. Bitte Gott anschließend, dass dir die Nähe des Heiligen Geistes in diesen Situationen stärker bewusst wird.

DAS VERSPRECHE ICH GOTT

ICH WERDE VERSUCHEN,
MEHR ÜBER DEN HEILIGEN GEIST ZU ERFAHREN
UND MICH AUF IHN ZU VERLASSEN.
ICH MÖCHTE MEHR VON SEINEN GABEN
UND SEINER MACHT ERLEBEN.
DARUM MÖCHTE ICH MIR ZEIT NEHMEN,
DIE DRITTE PERSON DER DREIEINIGKEIT
BESSER KENNENZULERNEN.

Jesus BAUT SEINE Gemeinde

JESUS SAGT:
„AUF DIESEN FELSEN WERDE ICH
MEINE GEMEINDE BAUEN,
UND SELBST DIE MACHT DES TODES
WIRD SIE NICHT BESIEGEN *KÖNNEN*."

Matthäus 16,18

Bauleute bauen.

Na gut, das ist ziemlich einfach. Aber ich erklär dir was – ich möchte einen Gedankengang „aufbauen".

Diesen Text schreibe ich zu Hause. Ein Steinmetz namens José arbeitet gerade in unserem Garten. Sein Gesicht ist wettergegerbt und seine Hände sind rau. Er baut einen Steingrill für unseren Garten. „Davon habe ich schon Hunderte gebaut", beruhigte er mich. Wenn ich ihn arbeiten sehe, glaube ich es. Er hat eine Schubkarre voll Natursteine auf den Boden gekippt. Dann nimmt er jeden Stein in die Hand, betrachtet dessen Form und anschließend die Seitenwände des Grills. Er meißelt die überflüssigen, spitzen Kanten weg, bis der Stein an die vorgesehene Stelle passt. Und dann klatscht er Mörtel auf die Mauer und setzt den Stein an seinen Platz.

Auf sehr ähnliche Weise baut Jesus seine Gemeinde. Es sind natürlich keine echten Stein-Mörtel-Mauern. Er nimmt die „Steine" – unvollkommene Menschen wie jeder von uns – und meißelt dann die Ecken und Kanten ab, damit wir ihm ähnlicher werden. Und jeden dieser „lebendigen Steine" verbindet er dann zu einer Menschengruppe – mit dem Mörtel des Glaubens und des Heiligen Geistes. Stell dir vor, er hebt dich von einem Steinhaufen auf, und mich auch, um uns miteinander zu verbinden. Er baut seine Kirche, seine Gemeinde.

„Ich werde bauen ...", erklärt Jesus im Matthäus-Evangelium. Diese Aufgabe übertrug er niemand anderem. Weder du noch ich bauen die Gemeinde. Jesus allein ist der Baumeister!

Jesus baut eine Gemeinschaft von Leuten auf, die ihn von ganzem Herzen lieben.

Schließlich hatte Gott schon immer diesen Plan: Er braucht ganz gewöhnliche Leute für einen außergewöhnlichen Auftrag.

Wir sind die Hände und Füße von Jesus. Wir sind seine Botschafter. Wir sind seine Helfer für die Hungrigen und seine Ermutigung für die Deprimierten. Jesus baut eine Gemeinschaft von Leuten auf, die ihn von ganzem Herzen lieben.

Seine Kirche hätte auch ohne unsere Hilfe entstehen können. Er hätte sicher auch seinen Engeln die Aufgabe geben können, die Menschen zu ermutigen und ihnen zu helfen. Oder übermenschliche Roboterwesen schaffen, die die gute Nachricht verbreiten ... Er entschied sich jedoch, Menschen wie dich und mich für diese Aufgabe zu gebrauchen.

Und weil er das tat, ist die Gemeinde, genau wie jeder Einzelne von uns, nicht fehlerlos. Menschen streiten sich, irren sich, machen Fehler, missbrauchen ihre Macht. Ortsgemeinden sterben mancherorts, spalten sich, werden in vielen Ländern sogar verfolgt. Doch wenn wir aus den letzten 2.000 Jahren etwas lernen können, dann das: Die Gemeinde der Christen ist am Ende unkaputtbar! Wie viele Völker sind in den vielen Jahrhunderten schon gekommen und gegangen? Wie viele Armeen haben sich in dieser Zeit schon erhoben und sind gefallen? Wie viele Regierungssysteme haben in den 2.000 Jahren schon existiert, sind aber wieder verschwunden? Aber Gottes Gemeinde bleibt.

Jesus baut seine Gemeinde.

Als du Ja zu Jesus gesagt hast, hast du auch Ja zu seiner Gemeinde gesagt. Wir können in vielen Dingen unterschiedlicher Meinung sein, aber es gibt eine Sache, die uns verbindet: Wir glauben, dass Jesus Christus Gottes Sohn ist. Und auf diesen Felsen baut Jesus eine Bewegung.

Alle anderen Gebäude, vom Legohaus bis zum Wolkenkratzer, werden irgendwann einstürzen. Aber die Gemeinde von Jesus, die auf ihm selbst aufgebaut ist, wird stehen bleiben. Und Gott will dich gebrauchen, sie weiterzubauen!

GOTTES VERSPRECHEN FÜR DICH

Das Fundament ist bereits gelegt, und niemand kann je ein anderes legen. **Dieses Fundament ist Jesus Christus.**
1. Korinther 3,11; NGÜ

Mein Reich hat kein Ende, von einer Generation zur nächsten bleibt es bestehen. Auf mein Wort kann man sich verlassen, was ich tue, das tue ich aus Liebe.
nach Psalm 145,13

Unser Körper besteht aus vielen Teilen, die ganz unterschiedliche Aufgaben haben. Ebenso ist es mit uns Christen. **Gemeinsam bilden wir alle den Leib von Christus,** und jeder Einzelne ist auf die anderen angewiesen.
Römer 12,4–5

Durch Jesus ist der Leib fest zusammengefügt, denn er verbindet die Körperteile miteinander. So wächst der Leib und wird aufgebaut durch die Liebe.
Epheser 4,6

DENK MAL

Wie geht es dir in deiner eigenen Gemeinde – gehst du gern hin? Oder bist du eher frustriert? Würdest du vielleicht viel lieber ausschlafen? Warum geht dir das so?

Gott entschied sich, unvollkommene Menschen zu gebrauchen, um seine Gemeinde zu bauen. Und er kümmert sich um sie. Was könnte dir helfen, deine Gemeinde mehr durch seine Augen zu sehen?

Jesus möchte, dass jeder Christ beim Bau seiner Gemeinde beteiligt ist. Jeder mit seiner Begabung. Wie „baust" du momentan mit? Falls du noch passiver Bauarbeiter bist: Womit könntest du anfangen?

DAS VERSPRECHE ICH GOTT

ICH WERDE JESUS BEIM BAU SEINER GEMEINDE HELFEN.
ANSTATT EINFACH BLOSS HINZUGEHEN
WERDE ICH MEINE BEGABUNGEN EINSETZEN,
UM DIE GEMEINDE ZU UNTERSTÜTZEN.
UND ICH WERDE IN DER GEMEINSCHAFT MIT ANDEREN
GOTT LOBEN UND ZU IHM BETEN.
DENN ICH WEISS, DASS GOTT SICH
DIESE GEMEINSCHAFT
FÜR SEINE MENSCHEN AUSGEDACHT HAT.

Gott WEIß, WAS DU BRAUCHST

AUS SEINEM GROSSEN REICHTUM
WIRD EUCH GOTT DURCH JESUS CHRISTUS
ALLES GEBEN, WAS IHR ZUM LEBEN BRAUCHT.

Philipper 4,19

In den USA gibt es ein bekanntes Spiel mit dem Titel „Würdest du lieber ...?". Dabei muss man aus zwei abscheulichen, ekelerregenden Möglichkeiten eine auswählen. Zum Beispiel: Würdest du lieber den ausgewrungenen Schweiß aus den Trikots deiner Fußballmannschaft trinken oder deiner Großmutter die Fußnägel schneiden?

Bist du bereit für eine einfachere Frage? Würdest du lieber der Kaiser von Rom sein oder ein Gefangener in einem von Roms Gefängnissen?

Klar, dass die meisten den Palast dem Knast vorziehen würden. Doch anstatt zu überlegen, welche Variante die bessere ist, lass uns mal das Leben zweier echter Männer betrachten, die im antiken Rom diese beiden Varianten verkörperten.

Fangen wir mit Nero an: Er wurde im Jahr 54 nach Christus im Alter von 16 Jahren Kaiser von Rom. In seinem Palast wimmelte es nur so von Dienern, die ihm jeden Wunsch erfüllten. Er war nicht nur verwöhnt – er wäre über Leichen gegangen, um seinen Willen durchzusetzen. Als seine Mutter Agrippina nicht tat, was er wollte, beschädigte er heimlich ihr Boot, um sie auf dem Meer ertrinken zu lassen. Das überlebte sie jedoch. Neros nächster Plan war einfacher: Auftragsmörder griffen Agrippina in ihrem Haus an und brachten sie um.

Als Nero Mitte zwanzig war, ließ er eine gigantische, 35 Meter hohe Statue von sich selbst bauen und ließ sich als Gott verehren. Aber alle ihm Nahestehenden waren ermordet worden. Als er schließlich seine Macht verlor, nahm er sich selbst das Leben. Reich und mächtig – aber er starb einsam und allein. Er besaß alles – außer Glück.

Jetzt zum Gefangenen: Er hieß Paulus. Im Gegensatz zu Nero hatte er nichts außer Glück. Er war doppelt so alt wie Nero und an seinem erschöpften Körper sah man die Spuren von Peitschenhieben, Krankheit und einem Unfall – Schiffbruch. Sein

Geld war weg; seine Gesundheit ließ nach. Als wäre das nicht bereits genug, landete er schließlich im Gefängnis Roms, während Nero hoch oben im kaiserlichen Schloss thronte. Paulus ertrug jedoch das Leiden, weil er das eine hatte, worauf es ankam: Er hatte Jesus!

Also zurück zu unserer Frage. Wenn du in dieser Zeit ein römischer Bürger gewesen wärst und jemand hätte dich wählen lassen – wärst du lieber der Kaiser oder der Gefangene?

Paulus hatte keinen Palast, doch er hatte den Glauben an Gott (Philipper 1,13). Er war nicht gesund, doch er hatte ewiges Leben (Philipper 1,23). Er schlief nicht in einem Palast, doch er schlief mit ruhigem Gewissen (Philipper 3,9). Zwar war er arm, doch sein himmlischer Vater war es nicht. „Aus seinem großen Reichtum wird euch Gott, dem ich gehöre, durch Jesus Christus alles geben, was ihr zum Leben braucht“, hat Paulus der Gemeinde in Philippi geschrieben (Philipper 4,19).

Gott wird für dich sorgen.
Er wird dir alles geben, was du brauchst.

Ja! Das ist das Versprechen. Das war Paulus' Entdeckung. Das ist die Hoffnung der Christen. Gott ist der Chef über deinem Leben. Er wird für dich sorgen. Er wird dir alles geben, was du brauchst.

Wenn du die Wahl hättest – wenn du zwischen einem Palast *ohne* Christus oder einem Knast *mit* Christus wählen müsstest, was würdest du nehmen?

Oder, besser gesagt: Für welches Leben entscheidest du dich genau jetzt? Wenn du alles hast außer Jesus, hast du kein wirkliches Leben. Wenn du jedoch nichts hast außer Jesus, hast du das volle Leben und alles, was du brauchst.

GOTTES VERSPRECHEN FÜR DICH

Selbst kräftige junge Löwen müssen manchmal hungern, **wer aber nach dem Herrn fragt, dem fehlt es an nichts.**
Psalm 34,11

Gott kann euch so reich beschenken, ja, mit Gutem geradezu überschütten, **dass ihr zu jeder Zeit alles habt, was ihr braucht, und mehr als das.** So könnt ihr auch noch anderen auf verschiedenste Art und Weise Gutes tun.
2. Korinther 9,8

Jesus sagt: „Was ich euch hinterlasse, ist mein Frieden. **Ich gebe euch einen Frieden,** wie die Welt ihn nicht geben kann. Lasst euch nicht in Verwirrung bringen, habt keine Angst."
Johannes 14,27

DENK MAL

Meinst du manchmal, du wärst glücklicher, wenn du nur mehr Geld, bessere Klamotten oder das neueste Smartphone hättest? Warum bzw. warum nicht?

Gab es schon Situationen in deinem Leben, in denen es dich etwas gekostet hat, Christ zu sein?

Obwohl Paulus ohne Geld und bei schlechter Gesundheit im Gefängnis saß, hatte er Freude. Bitte Gott doch darum, dir in schweren Zeiten seine Freude, seine Hoffnung und seinen Frieden zu schenken.

DAS VERSPRECHE ICH GOTT

ICH WERDE GOTT VERTRAUEN,
DASS ER MICH IN GUTEN UND IN SCHWEREN
ZEITEN VERSORGT.
ICH MÖCHTE MEINE FREUDE BEI JESUS SUCHEN –
UND NICHT NACH BEQUEMLICHKEIT,
BERÜHMTHEIT ODER NACH DINGEN STREBEN,
DIE MAN MIT GELD KAUFEN KANN.
ICH WEISS, DASS NUR ER ALLEIN
MEINEM LEBEN SINN GIBT.

Du KANNST DEN Feind BESIEGEN

DER GOTT DES FRIEDENS ABER
WIRD DEN SATAN BALD ZERTRETEN
UND UNTER EURE FÜSSE LEGEN.

Römer 16,20; EÜ

In der Bibel steht, dass wir einen Feind haben. Er heißt Satan. Das griechische Wort für Teufel ist *diabolos*, das bedeutet „trennen, spalten". Der Teufel ist ein Spalter und ein Durcheinanderbringer.

Klingt es für dich total altmodisch, über den Teufel zu reden? Ist das nicht eine Sache aus dem finsteren Mittelalter? Wenn ja, bist du nicht allein. Umfragen haben ergeben, dass die meisten Christen sich weigern zu glauben, dass es Satan wirklich gibt. Das gefällt ihm bestimmt. Solange er nicht ernst genommen wird, hat der Teufel freie Bahn, Böses zu tun. Er will dein Leben ins Chaos stürzen, ohne dass dabei sein Name genannt wird.

Aber das lässt Gott nicht zu!

In der Bibel hat Jesus mehr über Satan als über jede andere Person gesagt. Für Jesus war Satan kein ausgedachter Bösewicht, keine erfundene Märchenfigur. Als Jesus uns das Beten beibrachte, sagte er auch: „Befreie uns von dem Bösen" (Matthäus 6,13).

Satan kommt, um zu stehlen, zu töten und zu zerstören. Wenn du also Verlust, Tod oder Zerstörung siehst, denk an Gott – und bete!

Wir spielen dem Teufel in die Hand, wenn wir so tun, als gäbe es ihn nicht. Aber er ist wirklich real.

Aber, jetzt kommt das Krasse: *Der Teufel ist besiegt!* Wenn Satan die Bibel lesen würde, fände er es zum Erbrechen. Denn dort wird an sehr vielen Stellen deutlich: Die Tage des Teufels sind gezählt.

Satan kommt, um zu lügen, zu stehlen, zu töten und zu zerstören. Wenn du also Verlust, Tod oder Zerstörung siehst, denk an Gott – und bete!

Ruf dir folgende Bibelverse in Erinnerung, und glaube an das, was Gott im Zusammenhang mit Satan verspricht:

- Der Gott des Friedens aber wird den Satan bald zertreten und unter eure Füße legen. (Römer 16,20; EÜ)
- Denn Gott, der in euch wirkt, ist stärker als der Teufel, von dem die Welt beherrscht wird. (1. Johannes 4,4)
- Unterstellt euch Gott und widersetzt euch dem Teufel. Dann muss er von euch fliehen. (Jakobus 4,7)
- Gott steht treu zu euch. Er wird auch weiterhin nicht zulassen, dass die Versuchung größer ist, als ihr es ertragen könnt. (1. Korinther 10,13)

Wenn wir beten, setzen wir Gottes Wahrheit und Kraft gegen den Teufel ein. Wenn wir Loblieder für Gott singen, tun wir das, was Satan selbst nicht tat: Wir lassen Gottes Herrschaft über uns gelten. Wenn wir in der Bibel lesen, tun wir dasselbe, was Jesus in der Wüste getan hat: Er widersetzte sich Satan mit Wahrheiten aus der Bibel. Und da Satan die Wahrheit nicht ausstehen kann, ließ er Jesus in Ruhe. Satan treibt sich bestimmt nicht dort herum, wo Gott durch Lobpreis und Gebet geehrt wird!

Satan ist zwar unser Feind, aber er ist Gott kein bisschen gleichwertig.

Das Leben kann dir viele Sorgen bereiten. Dir werden Fehler passieren. Du wirst Schweres erleben. Es wird manchmal so aussehen, als habe das Böse alles in seinem Griff. So, als würde alles Gute untergehen. Doch du brauchst keine Angst zu haben. Gott hat bereits gewonnen!

GOTTES VERSPRECHEN FÜR DICH

Gott hat uns aus der Gewalt der Finsternismächte befreit und uns unter die Herrschaft seines geliebten Sohnes gestellt.
Kolosser 1,13; NeÜ

Lass Gott in dir regieren. Brüll dem Teufel ein lautes „Nein!" entgegen und **sieh, wie er davonläuft.**
Jakobus 4,7; nach „The Message"

Und wer ist's, der euch schaden könnte, wenn ihr dem Guten nacheifert?
1. Petrus 3,13; LU

Der Dieb kommt, um zu stehlen, zu schlachten und zu vernichten. **Ich aber bringe Leben** – und dies im Überfluss.
Johannes 10,10

DENK MAL

Wundert es dich, dass die meisten Christen nicht glauben, dass es einen Teufel gibt? Oder überrascht es dich, dass du einen Feind hast, der versucht, dein Leben durcheinanderzubringen?

Gott, der in dir wirkt, ist stärker als der Teufel (siehe 1. Johannes 4,4). Deshalb lass dir von nichts und niemandem Angst vor dem Teufel einjagen! Du hast einen starken Gott an deiner Seite.

Jesus wappnete sich gegen Satans Lügen, indem er Gottes Wort aussprach. – Welche Bibelverse brauchst du im Moment, um dir Gottes Wahrheit immer wieder ins Gedächtnis zu rufen?

DAS VERSPRECHE ICH GOTT

ICH GLAUBE, DASS ES DEN TEUFEL GIBT
UND ICH WILL IHM WIDERSTEHEN.
ICH WILL GOTT MEHR VERTRAUEN,
ALS MICH AUF DEN FEIND ZU KONZENTRIEREN.
WENN SATAN MICH VERFÜHRT,
WERDE ICH AN GOTT FESTHALTEN
UND DEM BÖSEN WIDERSTEHEN.
ICH WEISS, DASS ER DANN FLIEHEN MUSS.

Gott WIRD DIE Welt RICHTEN

DENN DER TAG IST SCHON FESTGESETZT,
AN DEM GOTT ALLE MENSCHEN RICHTEN WIRD.

Apostelgeschichte 17,31

Das Leben ist ungerecht. Wann hast du diesen Satz gelernt? Welches Ereignis hat dir gezeigt, wie grausam das Leben sein kann? Hast du in einem Autowrack deinen Vater verloren? Haben Freunde dich vergessen, Lehrer dich nicht beachtet, ein Erwachsener dich missbraucht?

Wie lange wird die Ungerechtigkeit noch andauern? Gottes Antwort ist klar: Nicht mehr lang. In der Bibel gibt es ein großes Versprechen: „Denn der Tag ist schon festgesetzt, an dem Gott alle Menschen richten wird" (Apostelgeschichte 17,31).

Gott hat es weder vergessen noch das Interesse daran verloren, die Dinge wieder zurechtzurücken. Jedes umgedrehte Kalenderblatt bringt uns dem Tag näher, an dem Gott alles Böse richten wird.

„Jüngstes Gericht" ist ein unbeliebter, altmodischer Ausdruck. Gericht mögen wir nicht, aber wir schätzen Gerechtigkeit. Allerdings ist das zweite nicht ohne das erste möglich. Ohne Gericht keine Gerechtigkeit. Darum „werden wir uns alle vor Christus als unserem Richter verantworten müssen. Dann wird jeder das bekommen, was er für sein Tun auf dieser Erde verdient hat, mag es gut oder schlecht gewesen sein" (2. Korinther 5,10).

Von seinem Thron aus wird Jesus für immer die Waage der Gerechtigkeit in seiner Hand halten:

Er wird seinen Leuten öffentlich vergeben. Paulus sagte den Christen in Korinth: „Einmal werden wir uns alle vor Gott als unserem Richter verantworten müssen" (siehe 2. Korinther 5,10). Im Namen der Gerechtigkeit muss er all unsere fehlerhaften Taten und Gedanken offenlegen. Gott fällt sein Urteil jedoch durch die „Jesus-Brille". Das heißt, wir werden nicht allein vor dem Richter stehen; Jesus wird als unser Erlöser an unserer Seite sein.

Du wirst nicht blamiert. Im Gegenteil, du wirst staunen! Deine Ehrfurcht wird steigen, wenn Jesus für jede einzelne deiner Sünden sagen wird: „Dafür hab ich bereits die Strafe auf mich genommen!“ Und Gott wird sein Urteil verkünden: „Nicht schuldig!“

Er wird seine Diener für ihren Dienst loben. „… er wird alles ans Licht bringen, was jetzt noch verborgen ist, auch unsere geheimsten Wünsche und Gedanken. Dann wird Gott jeden so loben, wie er es verdient hat“ (1. Korinther 4,5). Gott begleitet dich durch dein Leben – Tag für Tag, Schritt für Schritt, und dabei spricht er ein Lob nach dem anderen aus. „Du hast deinen Sitzplatz im Bus hergegeben. Gut gemacht! Du hast den neuen Mitschüler angesprochen. Super! Du hast deinem Bruder verziehen, deine Nachbarin aufgemuntert … ich bin so stolz auf dich!“

Gott merkt sich deine guten Taten und belohnt sie. Das ist auch gerecht. Und weil er ein gerechter Gott ist, vergibt er seinen Leuten, lobt seine Diener für ihren Dienst und …

Er wird die Wünsche der Bösen ernst nehmen. Es werden auch manche Menschen vor Gott stehen, die zwar wissen, dass es ihn gibt, „aber sie wollen sich nicht von ihm abhängig wissen, geschweige denn ihr Leben von ihm bestimmen lassen …“ (Römer 1,21; WD) Sie haben ihr Leben lang den König entehrt und seinen Leuten geschadet. Ein gerechter Gott muss die Wünsche der Gott-Ablehner ernst nehmen.

Gott versteht Ungerechtigkeit. Er wird alles Falsche richtigstellen und alle Wunden heilen.

Wenn du dich fragst, ob die Bösen ungestraft davonkommen oder ob Ungerechtigkeit jemals geahndet wird, dann kann dieses Versprechen deine Sehnsucht nach Gerechtigkeit erfüllen. Gott wird das letzte Wort haben!

Gott weiß und versteht, was Ungerechtigkeit ist. Er wird alles Falsche richtigstellen und alle Wunden heilen. Er hat schon einen Ort vorbereitet, wo das Leben endlich und für alle Zeiten gerecht sein wird.

GOTTES VERSPRECHEN FÜR DICH

Denn im Evangelium zeigt uns Gott seine Gerechtigkeit, **eine Gerechtigkeit, zu der man durch den Glauben Zugang** hat; sie kommt dem zugute, der ihm vertraut. Darum heißt es in der Schrift: „Der Gerechte wird leben, weil er glaubt."
Römer 1,17; NGÜ

Gott hat Jesus, der ohne jede Sünde war, mit all unserer Schuld beladen und verurteilt, **damit wir freigesprochen sind** und vor ihm bestehen können.
2. Korinther 5,21

Deshalb urteilt niemals voreilig! Wenn Christus kommt, wird er alles ans Licht bringen, was jetzt noch verborgen ist, auch unsere geheimsten Wünsche und Gedanken. **Dann wird Gott jeden so loben, wie er es verdient hat.**
1. Korinther 4,5

Der Herr liebt Gerechtigkeit und **lässt keinen im Stich, der treu zu ihm steht.** Für alle Zeiten beschützt er Menschen wie ihn.
Psalm 37,28

DENK MAL

Gab es bisher Dinge in deinem Leben, die ungerecht waren? Wie hast du dich dabei gefühlt?

Weißt du, dass all deine Fehler und all dein Versagen durch Jesus vollständig vergeben sind? Ja, wir müssen alle einmal vor dem Gericht Gottes erscheinen, aber wir brauchen uns davor nicht zu fürchten!

Beim Jüngsten Gericht wirst du auch für deine guten Taten gelobt werden. Vielleicht spornt dich das ja an, Gutes zu tun, auch wenn du von Menschen nie dafür gelobt werden wirst …:

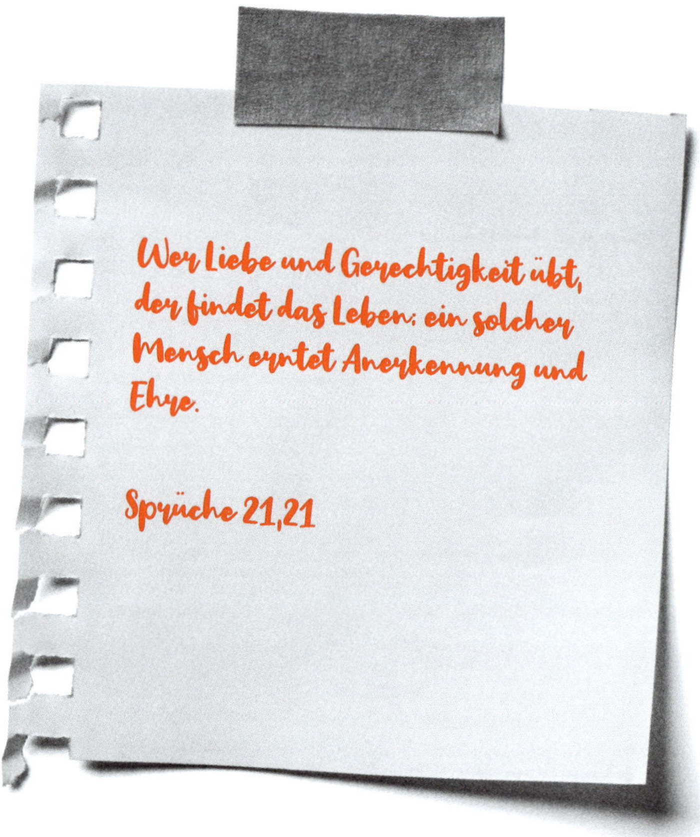

DAS VERSPRECHE ICH GOTT

OBWOHL ES AUF UNSERER WELT SO VIEL UNGERECHTIGKEIT
GIBT, WEISS ICH, DASS EINE ZEIT KOMMEN WIRD,
IN DER GOTT FÜR GERECHTIGKEIT SORGEN WIRD.
ICH WERDE GOTTES URTEIL ANERKENNEN.
ICH WERDE MICH ÜBER SEINE GNADE FREUEN –
HEUTE UND BEIM JÜNGSTEN GERICHT.
DENN ICH WEISS:
MEINE SCHULD IST VOLLSTÄNDIG VERGEBEN
UND JESUS HAT FÜR SIE BEZAHLT.

Gott MACHT ALLES NEU

„SIEH DOCH,
ICH MACHE ALLES NEU!"

Offenbarung 21,5

Nirgends ist Platz! Vielleicht hast du das auch schon erlebt: Im Terminkalender deiner Mutter gibt es keinen Platz für dich. In deinem Zimmer ist es viel zu eng. Und deine Freunde haben auch keinen Platz für dich. Darum fühlst du dich eingeengt, ignoriert, vergessen oder weggeschoben.

Aber, hey: Du bist für ein Leben mit mehr Platz geschaffen! Nur: Wir erleben das in diesem Leben nicht so oft. Wusstest du, dass dein wahres Zuhause riesig viel Platz für dich bietet?

Johannes hat in einer Vision, die Gott ihm über die Zukunft geschenkt hat, eine große Stadt gesehen. „Ich sah, wie die Heilige Stadt, das neue Jerusalem, von Gott aus dem Himmel herabkam…" (Offenbarung 21,2). Johannes scheint atemlos vor Begeisterung zu sein; wie ein Kind, das seinen Eltern erzählt, was es im Zoo alles gesehen hat.

Doch wieso sollte diese Stadt, auch das „neue Jerusalem" genannt, uns interessieren? Weil wir in ihr einmal für immer zu Hause sein werden. Und weil Gott dort ganz viel Platz für uns hat.

Johannes schreibt:

Der Engel, der mit mir redete, hielt in seiner Hand einen goldenen Messstab… damit hatte er gemessen, dass die Stadt etwa 2.200 Kilometer lang, breit und hoch ist… Offenbarung 21,15–16

Vergiss also alle Sorgen, dass du in der Ewigkeit unter Platzmangel leiden wirst! Die Größe des neuen Jerusalem sprengt all unsere Vorstellungskraft: 2.200 Kilometer lang und 2.200 Kilometer breit. Das ist 40-mal so groß wie England! Zehnmal so groß wie Frankreich! Größer als Indien! Und das ist erst das Erdgeschoss! Denn die Stadt misst auch 2.200 Kilometer in der Höhe. Wenn wir uns vorstellen, dass Gott die Stadt in Stockwerken anlegt – so, wie ein Architekt ein Gebäude anlegt –, dann hätte das neue Jerusalem 600.000 Stockwerke.

Platz genug für Milliarden von Menschen. Wir werden da nicht gequetscht, das steht schon mal fest.

Gott hat in dieser Stadt jedoch nicht nur *Platz* für uns. Lies mal, was Johannes noch schreibt:

In diesem Licht werden die Völker der Erde leben… und es wird dort nichts und niemand mehr unter Gottes Fluch stehen. Denn der Thron Gottes steht in ihr, und alle ihre Bewohner werden Gott anbeten und ihm dienen. Sie werden Gott von Angesicht zu Angesicht sehen… Dort wird es keine Nacht geben, und man braucht weder Lampen noch das Licht der Sonne. Denn Gott, der Herr, wird ihr Licht sein, und sie werden immer und ewig mit ihm herrschen. Aus Offenbarung 21,26–22,4

Und in diesem Zusammenhang gibt Johannes auch eine weitere wichtige Verheißung Gottes weiter: „Sieh doch, ich werde alles neu machen!" (Offenbarung 21,5). Stell dir vor: Jeder Mensch und alles, was du liebst, wird wieder wie neu – für alle Ewigkeit. Niemand braucht mehr zu kämpfen. Niemand braucht sich mehr vor Gott zu schämen. Keine Konflikte mehr zwischen Menschen. Keine Tränen, kein Schmerz und kein Tod mehr.

Stell dir vor: Jeder Mensch und alles, was du liebst, wird wieder wie neu – für alle Ewigkeit.

Zu schön, um wahr zu sein, denkst du? Aber Johannes betont: „Der Engel sprach zu mir: ‚Alles, was ich dir hier gesagt habe, ist zuverlässig und wahr. Gott hat mich, seinen Engel geschickt, damit alle, die zu Gott gehören, erfahren, was in der Zukunft einmal geschehen wird'" (nach Offenbarung 21,6).

Diese Zusagen – und jede Seite in der Bibel laden dich ein, auf dieses neue Zuhause zu warten. Eines mit viel Platz für dich!

GOTTES VERSPRECHEN FÜR DICH

Jesus sagt: „Meine Schafe hören auf meine Stimme; ich kenne sie, und sie folgen mir. **Ihnen gebe ich das ewige Leben.**"
Johannes 10,28

Wer Gott nicht glaubt, stellt ihn als Lügner hin; denn er behauptet ja, Gottes Aussage über Jesus Christus sei falsch. Gott aber hat damit ganz eindeutig bestätigt, dass **er uns das ewige Leben schenkt**, und zwar nur durch seinen Sohn.
1. Johannes 5,10–11

Jesus sagt: „Im Haus meines Vaters gibt es viele Wohnungen. Sonst hätte ich euch nicht gesagt: ‚Ich gehe hin, um dort alles für euch vorzubereiten.'
Und wenn alles bereit ist, werde ich zurückkommen, um euch zu mir zu holen. **Dann werdet auch ihr dort sein, wo ich bin.**"
Johannes 14,2

Das Sichtbare vergeht, doch **das Unsichtbare bleibt ewig.**
nach 2. Korinther 4,18

DENK MAL

Auf dieser Erde ist alles begrenzt: Platz, Zeit, Rohstoffe, unsere Kräfte … In welchen Lebensbereichen (Schule, Zuhause, soziale Medien, Freunde usw.) wünschst du dir mehr Raum? Warum?

Fällt es dir eher schwer oder eher leicht zu glauben, dass Gott einmal alles neu machen wird – und Leid, Schmerz und Tod einmal ein Ende haben werden?

Wie stellst du dir den Himmel vor? Was sollte es dort deiner Meinung nach unbedingt geben? Worauf freust du dich am meisten?

DAS VERSPRECHE ICH GOTT

ICH BLICKE HOFFNUNGSVOLL AUF DIE HIMMLISCHE
ZUKUNFT, DIE JETZT NOCH NICHT SICHTBAR IST.
ICH HALTE AN GOTTES VERSPRECHEN FEST,
DASS ER ALLES NEU MACHEN WIRD,
ALLES LEID EINMAL EIN ENDE HABEN WIRD
UND JESUS SCHON JETZT
EINEN PLATZ IM HIMMEL FÜR MICH VORBEREITET.

Hoffnung IST DER ANKER DEINER Seele

DIESE HOFFNUNG IST FÜR UNS
WIE EIN SICHERER, FESTER ANKER
UNSERER SEELE.

Hebräer 6,19; Das Buch

Siehst du ein halb gefülltes Glas Cola eher als halb *voll* oder als halb *leer* an? Siehst du zuerst die Leere oder das Gefüllte?
Bei jedem von uns gibt es Zeiten im Leben, wo wir die Dinge eher negativ als positiv sehen. Wenn du merkst, dass deine Hoffnung schwindet, was machst du dann?

Ich glaube, am allerbesten liest du dir dann diese wunderbare Verheißung durch: „Diese Hoffnung ist für uns wie ein sicherer, fester Anker unserer Seele [...]" (Hebräer 6,19; Das Buch).

Schau dir die Schlüsselworte an: *Anker* und *Seele*. Ich brauch dir nicht zu erzählen, was ein Anker ist. Du hast so ein Teil aus Gusseisen mit den beiden Spitzen vielleicht schon mal in der Hand gehalten. Möglicherweise hast du von einem Boot aus sogar mal einen Anker ins Wasser geworfen und den Ruck gespürt, als er festen Boden erreichte. Der Anker hat einen Zweck: das Boot zu stabilisieren. Er muss sich an einer Stelle festhalten können, die stärker als der Sturm ist. Auch du brauchst einen Anker.

Warum? Weil du ein wertvolles Gefährt hast: Du hast eine Seele. Als Gott dem ersten Menschen den Atem einhauchte, gab er ihm mehr als nur Sauerstoff; er gab ihm ein ewiges Wesen. Er gab ihm eine Seele.

Bau dein Leben auf Gottes Versprechen auf. Weil seine Versprechen unumstößlich sind, wird deine Hoffnung unerschütterlich sein.

Dass du eine Seele hast, unterscheidet dich von deinem Goldfisch im Aquarium. Ihr braucht beide Nahrung. Ihr habt beide Augen und Schuppen – er auf seiner Haut und du auf dem Kopf. Ihr braucht beide einen geeigneten Lebensraum zum Atmen: der Fisch das Wasser und du die Luft. Obwohl ihr euch beide in einigen Dingen ähnelt, gibt es einen ganz großen Unterschied: Du hast eine Seele.

Weil du eine Seele hast, fragst du dich, warum es dich überhaupt gibt. Und wohin du eigentlich gehst. Das tun Goldfische nicht.

Deine Seele unterscheidet dich von den Tieren und verbindet dich mit Gott. Und deine Seele braucht einen Anker. Dieser Anker ist befestigt, aber nicht an einem anderen Boot, einer Person oder einem schweren Gegenstand. Nein, dieser Anker ist im „Innersten des himmlischen Heiligtums" (Hebräer 6,20; NGÜ) befestigt.

Unser Anker ist, anders ausgedrückt, im Thronsaal Gottes festgemacht. Wir könnten uns vorstellen, dass er direkt am Thron selbst befestigt ist. Davon wird er sich nie lösen. Denn es gibt in Gottes Heiligtum niemanden, der den Anker zerstören oder abtrennen kann. Das heißt: Nichts und niemand kann dir deine Hoffnung nehmen!

Stell dir mal diese Schlüsselfrage: *Was ist stärker – das, woran ich befestigt bin oder das, was ich gerade durchleben muss?* Wenn dich ein Sturm trifft, vertrau Gott – und keiner anderen Sache. Der Apostel Paulus hat in seinem Brief an seinen Freund Timotheus geschrieben: „Auf den lebendigen Gott haben wir unsere Hoffnung gesetzt" (1. Timotheus 4,10).

Im ersten Kapitel habe ich dir erzählt, dass die Verheißungen in diesem Buch zu meinen Lieblingsverheißungen gehören. Es ist eine Auswahl aus denen, die ich im Laufe der Jahre entdeckt habe. Jetzt kennst du meine Liste – es wäre toll, wenn du dir deine eigene machst!

Suche dir die Verheißungen raus, die deinen Bedürfnissen entsprechen. Wenn dich Zweifel oder Ängste überfallen, dann sprich diese Verheißungen laut aus. Du wirst merken, dass dies tatsächlich eine große Hilfe ist.

Bau dein Leben auf Gottes Versprechen auf. Weil seine Versprechen unumstößlich sind, wird deine Hoffnung unerschütterlich sein. Der Sturmwind wird trotzdem blasen. Der Regen wird trotzdem niederprasseln. Doch am Ende wird dein Anker halten, deiner Seele wird es gut gehen – und mit Gottes Versprechen wirst du stets festen Boden unter den Füßen haben.

GOTTES VERSPRECHEN FÜR DICH

Aber alle, die ihre Hoffnung auf den Herrn setzen, **bekommen neue Kraft.** Sie sind wie Adler, denen mächtige Schwingen wachsen.
Jesaja 40,31

Der Glaube ist der tragende Grund für das, was man hofft: Im Vertrauen zeigt sich jetzt schon, was man noch nicht sieht.
Hebräer 11,1

Ich bin der Gott, bei dem du Rettung findest, zu jeder Zeit setze deine Hoffnung auf mich!
nach Psalm 25,5

Haltet an dieser Hoffnung fest, zu der wir uns bekennen, und lasst euch durch nichts davon abbringen. **Ihr könnt euch felsenfest auf sie verlassen,** weil Gott sein Wort hält.
Hebräer 10,23

DENK MAL

In welchen Situationen verlierst du schnell die Hoffnung? Was kannst du dann konkret tun, um wieder zuversichtlicher zu werden?

Fülle dir eine „Notfallbox“ mit Dingen und Gedanken, die dir in schwierigen Situationen guttun: Urlaubserinnerungen, Bibelverse, Süßigkeiten, eine persönliche „Das macht mir gute Laune“-Liste …

Hast du ein Notizbuch oder ein Tagebuch? Darin kannst du deine Stürme, Siege und Gottes Versprechen festhalten. So kannst du immer wieder sehen, wo der Anker für deine Seele ist und woran du dich festhalten kannst.

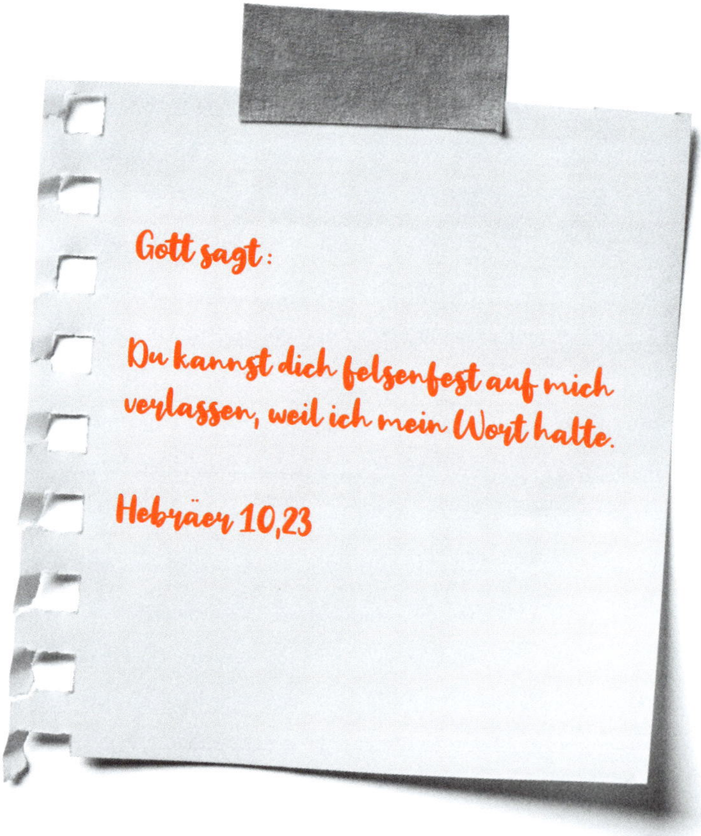

DAS VERSPRECHE ICH GOTT

ICH VERANKERE MEINE SEELE IN GOTT.
WENN STÜRMISCHE ZEITEN KOMMEN,
WERDE ICH AN GOTTES
UNUMSTÖSSLICHE VERHEISSUNGEN DENKEN
UND MICH NICHT ERSCHÜTTERN LASSEN.

VERWEISE

1 „Religion: Promises“, *Time*, 24. Dezember 1956, http://content.time.com/time/magazine/article/0,9171,808851,00.html.

2 Jeane MacIntosh, „Homeless Heir to Huguette Clark's $19M Fortune Found Dead in Wyoming“, New York Post, 31. Dezember 2012, https://nypost.com/2012/12/31/homeless-heir-to-huguette-clarks-19m-fortune-found-dead-in-wyoming/.